EL ARTE DE RECOMENZAR

Los seis días de la creación y el inicio del discernimiento

FABIO ROSINI

EL ARTE DE RECOMENZAR

Los seis días de la creación y el inicio del discernimiento

Sexta edición

EDICIONES RIALP
MADRID

Título original: *L'arte di ricominciare*

Primera edición: octubre 2018
Sexta edición: mayo 2024

ISBN: 978-84-321-5035-7
Depósito legal: M-956-2023

Impreso en España *Printed in Spain*

Anzos, S. L. - Fuenlabrada (Madrid)

ÍNDICE

Este libro está dedicado
a todos los que piensan
que no se puede ya recomenzar
o que es demasiado difícil.

Eso no es verdad.
Nada hay imposible para Dios.

PREMISA

Quería comenzar a trabajar en este libro el 13 de julio de 2017. Cinco años antes exactamente, un 13 de julio, había vivido uno de los momentos más importantes de mi vida.

Había pasado un mes desde el luminoso tránsito al cielo de Chiara Corbella Petrillo. En mi vida comenzaban los dolores, pues estaba ingresado en el hospital. Pedí la ayuda del cielo a esta muchacha maravillosa, a quien había tenido la gracia de anunciar las «Diez Palabras» y tantas otras cosas, y con quien había ideado —junto a su marido Enrico Petrillo y mis colaboradores Angelo y Elisa Carfì— la primera edición del Curso de Preparación Remota al Matrimonio, un curso repetido después tantas veces sin ella, pero bajo su protección evidente.

En la noche de un posoperatorio inesperadamente doloroso, exasperado por el dolor físico, pedí su ayuda. Siguiendo su estilo, no me obtuvo ni siquiera una pizca de reducción del dolor. Me obtuvo mucho más.

Me obtuvo el don de recomenzar.

Ese carcinoma fue la vía para muchas gracias en mi vida.

En sí no fue tal vez algo importante, y eso que medio siglo antes me hubiera llevado a la presencia de mi Señor, pero hoy la medicina lo reduce a una serie de precauciones que debo mantener; el dolor pasa, nos habituamos a las miserias posoperatorias, y esas también, poco a poco, se normalizan y quedan en un recuerdo; así disponemos de tiempo para recuperarnos y seguir adelante.

Pero existencialmente, ese cáncer fue un bisturí bendito de Dios. Me salvó de algunos errores de bulto en los que estaba tropezando.

Todos dicen que estoy cambiado desde entonces. Casi todos están contentos; algunos, sin embargo, no. Les gustaría recuperar al pretumoral heroico y musculoso.

Ahora me reprochan que soy demasiado suave. Ya no alzo la voz como en otro tiempo en las catequesis de los jóvenes. Ahora temo romper las cañas cascadas. Apagar las mechas humeantes.

Muchas cosas que abordaremos aquí son luces que he recibido antes, como trabajador del empeño catequético. Pero no me daba cuenta. Vale la pena que me explique mejor. Tengo cerca de 60 años. Dispongo de una salud que es un desastre. En parte, es que soy algo quejica, pero en parte también es verdad. Y cuando quisiera evitar esas limitaciones que impone la falta de salud, descubro que no son una pose, por desgracia.

Cuando caes en la cuenta de que estás envejeciendo, te sobrevienen las síntesis más íntimas de tu existencia. Ante mi sorpresa, surgen extraños rasgos de sabiduría que ayudan a analizar mi hombre interior. Se trata de una sabiduría recibida, no poseída, y siempre insuficientemente aprovechada.

No es cosa mía. Lo comentan las personas que evangelizo, con mucha gratitud —y que yo recibo siempre con mucho apuro— y es algo que me hace experimentar una paz distinta, un don nuevo en mi vida, una paz hasta entonces desconocida.

Al escribir este libro se me ha presentado un problema. En un cierto momento no conseguía escribir más de media hora seguida. Lo hubiera terminado en las tres semanas que tenía a mi disposición, ya que todo lo que debía decir lo tenía muy claro. Bastaba darle voz. Pero el Señor ha querido hacer algo nuevo. Y ha elegido este sistema: pararme y obligarme a caminar a su ritmo. Así pues, el resultado es un gemelo heterocigótico del que estaba escribiendo. Hay que señalar que cuando me sucedió eso estaba ya hacia el final... En cierto sentido, me vi impulsado a verlo todo de otro modo. Y eso me llevó a rehacerlo, completo, desde el principio. A recomenzar.

Dios quiso hacernos una caricia. Espero haberle hecho eco, porque a mí me llegó esa caricia. Y ojalá también les llegue a los lectores.

ANTES DE LOS DÍAS

El comienzo lo contiene todo

> «*Quien sube no deja nunca*
> *de ir de comienzo en comienzo;*
> *no se acaba nunca de comenzar*»[1].

La vida, por lo que sabemos, no surge de mil modos, sino de un modo constante: según un código genético.

Por fuerza es distinta la vida humana, que para los biólogos pertenece a la clase de los organismos llamados *eucariontes,* que tienen el ADN en un núcleo diferenciado envuelto por una membrana; se reproducen por mitosis, pero son generados por fecundación, evento extraordinario que establece la identidad única e irrepetible de cada individuo en cada especie. Esta es la vida de las plantas, de los animales y del hombre.

¿Habéis visto qué cultura? Bah, digamos que he consultado con mi colaboradora, Elisabetta Palio, que es una bióloga de primera.

---

[1] San Gregorio de Nissa, *Homiliae in Canticum,* 8: PG 44, 941 C.

Por tanto, lo primero en nuestro tipo de existencia es la fecundación, y en consecuencia la vida se presenta según un código recóndito, por el cual una bellota tiene una energía escondida que le permitirá convertirse en un roble, con indicaciones fuertes y específicas; escondidas en un semen o en un óvulo fecundado están todas las informaciones para las fases de la vida sucesiva: infancia, madurez, fecundidad, degeneración.

Así pues, hay un factor desencadenante, y un lenguaje que se crea un instante después de ese desencadenante, al que ese preciso proceso vital será fiel, en medio de las variables externas. Habrá procesos de adaptación que, sin embargo, deberán contar con un código inicial, el genoma de esta específica identidad.

Esto es para mí una intuición fundamental que debo a mi padre. Cuando yo tenía aproximadamente nueve años, antes de marcharnos de la casa donde pasábamos las vacaciones en Las Marcas, nos llevó a mi hermanita Laura y a mí al huerto donde un majestuoso nogal dejaba caer sus frutos; nos hizo tomar una nuez a cada uno y enterrarla en dos hoyos que hicimos con nuestras manitas, separados a un metro de distancia uno del otro, y nos dijo: «El año que viene, cuando volvamos aquí, veremos qué ha pasado». Era un genio. Se me quedó en el corazón esa imagen[2].

---

[2] Mi padre, Ezio Rosini, no tuvo por casualidad esta iniciativa; era titular de la cátedra de Física de la atmósfera en la Universidad La Sapienza de Roma. Estaba en su cabeza ejercer de padre también en la lectura de las cosas. Deseaba que comprendiéramos con una mirada profunda. Y creo que lo consiguió.

Un año después allí había dos plantitas. Hoy aún hay un nogal poderoso. El viejo y majestuoso enfermó, y tuvimos que cortarlo. En su lugar, uno de aquellos dos nogales, entonces jovencito, es el que está todavía allí. Quién sabe si es el mío o el de mi hermana. Es uno de los dos, me dice mi hermana, el otro fue arrancado porque estaban demasiado próximos. El que quedó creció poderosamente, y mi hermana Miriam[3] me dio a comer algunas nueces de ese árbol. En mi corazón, hace de profeta.

Cuando, siendo un jovencísimo sacerdote, comencé a acercar a los jóvenes a la fe, la genialidad de mi padre me proporcionó una gran luz y mi árbol profeta me enseñó su gran lección: las cosas comienzan pequeñas, pero ahí, en el comienzo, está todo.

El comienzo lo contiene todo.

Si traicionas el inicio, traicionas el todo. Si el todo va mal, es porque estás fuera del mapa del inicio. Si quieres recomenzar debes volver al inicio, y encontrar lo que es vital para ti. En realidad, encontrarás a Otro. Porque nadie se inicia por sí mismo. El inicio es un don que alguien nos hace. Mi nogal profeta había recibido su inicio de su papá nogal, de la madre tierra del huerto y de nuestras manitas. La vida, en efecto, se recibe.

Thomas Stearns Eliot ha dicho:

Lo que llamamos principio
está en el fin, y acabar

---

[3] Una de las cosas bellas de la vida: tener un amplio parque de hermanos y hermanas, gracias a que nuestros padres se han dado generosamente, ¡que Dios les bendiga también por esto!

es comenzar. El fin es
de donde partimos[4].

Parafraseándolo podemos decir que en el principio está el fin. El objetivo. Escondido en el genoma.

También el Señor Jesucristo, mientras que es el principio de todas las cosas, es también el camino para reencontrar la vida, y eso se llama «recapitulación»[5], que quiere decir devolver las cosas a su dueño, recomenzarlas por la cabeza.

Pero acerquémonos más.

Orígenes y originales

Una pregunta nos puede ayudar: el primer capítulo de la Biblia, el texto de la Creación, ¿cuándo fue escrito? Parecería una cuestión innecesaria, propia de estudiosos aburridos y cargantes, pero no es así. El estudio del origen de los textos nos hace descubrir una cosa muy rara: la Biblia comienza con un texto muy tardío.

No tenemos el espacio necesario para contar toda la historia narrada en el Antiguo Testamento, pero nos basta recordar que los grandes periodos de la historia verdadera y propia parten de los patriarcas, comenzando con la aventura de Abrahán, de su hijo, de su nieto y de sus bisnietos, narrada en el capítulo 12 y siguientes del Génesis; luego viene la epopeya extraordinaria de

---

4 T. S. Eliot, «La tierra desolada», *Cuatro cuartetos*.

5 Cfr. Ef 1, 9-10.

Moisés y la liberación de la esclavitud en tierra egipcia, narrada en el libro del Éxodo y en los tres libros que siguen; allí se narra la instalación en la tierra de Canaán, el confuso periodo de los Jueces, la instauración del reino de Saúl, de David y de Salomón.

Lo que viene después es un largo periodo que, con altibajos, muestra una gradual degeneración hasta la tragedia, es decir el tiempo del Exilio, cuando la clase alta del Reino de Judá es deportada a Babilonia. Los setenta años que siguen son una dolorosa purificación y llevan al pueblo a volver a su propia raíz. Y finalmente, Israel comienza a contar metódicamente toda su historia desde Abrahán, es decir, comprende que el desastre que vive tiene una causa, es el fruto de haberse desviado de un sendero vital. Y cuando los hijos de Israel están terminando esta obra de recuperación de su historia, ya de vuelta del exilio, humillados, redimensionados, solo entonces es cuando escriben los primeros capítulos del Génesis, como un preámbulo sapiencial. Y entre estos, quizá precisamente entre los últimos, el primer capítulo de toda la Biblia[6].

Esto quiere decir que el acto de escribir el texto de la creación del Génesis 1 supone hacer una síntesis. De hecho, los primeros capítulos de la Biblia son demasiado profundos como para ser un mero relato.

---

[6] Habría que explicar cuidadosamente esta información, pero este no es un libro de exegesis. Para hacerse una idea se podría leer el agradable, sintético y preciso texto de uno de mis profesores en los años de estudio en el Pontificio Instituto Bíblico, el profesor J. L. Ska, que permite comprender lo que afirmo [no nos consta versión española]: *Il cantiere del Pentateuco*, vol. I, EDB Bologna, pp. 5-35.

Contienen multitud de matices que suponen una sabiduría adulta, madura, reflexiva.

Así sucede en el relato de la creación. No es una simple descripción, es de una insuperable sabiduría. Se requieren muchos siglos para llegar a esa sabiduría, muchos errores, muchas contradicciones, muchas correcciones, mucha gratitud, mucha salvación. En una lectura atenta de los textos que van desde el primero al undécimo capítulo del Génesis, aparecen trazas de una luz tan sublime que no puede ser humana. A través de todo lo que había sucedido, trágico y grandioso, el pueblo hebreo poseía ya la intuición de algo que superaba su capacidad. Y en el primer capítulo del Génesis podía intentar describir la trama de lo real, describiendo el meollo, el inicio.

El ADN de la realidad.

¿Y entonces, qué?

Entonces, el texto del primer capítulo de la Biblia ha salido de un pueblo que estaba intentando recomenzar; que, habiéndose equivocado mucho, finalmente intentaba decir a sus hijos cómo volver a empezar. Es un texto a medias entre lo doloroso y lo constructivo, lo luminoso —como de alguien que se da cuenta del valor de lo que ha perdido solo después de perderlo, y comienza paradójicamente a recuperarlo, a poseer de nuevo lo perdido—; que mira atrás para mirar mejor adelante.

La sabiduría contenida en el relato del comienzo es una sabiduría que quiere indicar el camino, quiere describir lo esencial para poder seguirlo.

No podemos olvidar el hecho de que los Padres de la Iglesia —los obispos y maestros de la fe de la primera época cristiana— han destacado obviamente el contenido de este texto.

Muchos de ellos —Orígenes, san Basilio el Grande, san Juan Crisóstomo y san Ambrosio entre otros— nos han dejado sus comentarios a los seis días de la creación, el llamado *Hexameron*, textos espirituales y teológicos fundamentales sobre el primer capítulo del Génesis, deteniéndose en muchos aspectos de la teología de la creación, la redención y la antropología cristiana.

No intento ir en esa dirección. No estoy a la altura y haría una cosa inútil: ya están ahí esos textos fundamentales, disfrutémoslos.

Pero hay un regalo del que, en este cuarto de siglo de sacerdocio, la Providencia me ha permitido gozar muchas veces: acoger la fuerza «paradigmática» de la Palabra de Dios.

Hay aspectos en la fruición común de la Escritura que suelen ser poco conocidos, y que en gran medida se activan sin que nos demos cuenta. El primero es el aspecto *performativo*: en sustancia quiere decir que la Palabra de Dios tiene la fuerza de *performar,* operar, hacer realidad eso que dice. Se puede ver en los sacramentos, por ejemplo. Una cosa es decir «esto es mi cuerpo» o «envía tu Espíritu», como afirmaciones en general, y otra bien distinta es decirlas con la fuerza de una liturgia sacramental: las cosas cambian bastante. Es algo que se comprende mucho más mediante la experiencia que de modo teórico. Las palabras devienen performantes, operan lo que dicen.

Este es el aspecto más noble y extraordinario. Pero no es el único. Como ya he dicho, la Palabra de Dios tiene una fuerza *paradigmática*: además de poder operar lo que dice, cumple la función de paradigma. ¿Cómo es eso?

Un paradigma es lo esencial de la estructura verbal que necesita conjugarse para convertirse en lenguaje. El paradigma es el enunciado de un componente verbal que debe conjugarse según las reglas de la lengua. En nuestro caso, la Palabra de Dios busca un «cónyuge»: mi existencia.

Cuando acepto conjugar, unir la Palabra de Dios con mi vida, descubro que se desencadena una potencia extraordinaria, y comienzo a reencontrarme dentro de la obra de Dios, comienzo a descubrir que soy una declinación de su Palabra[7].

---

[7] Es inevitable que al menos se explique en nota algo más sobre este asunto. El lenguaje humano, más allá de la distinción entre monólogo y diálogo, es fundamentalmente de tres tipos: unívoco, equívoco y analógico. El primero es, por ejemplo, el de la ciencia, de las afirmaciones dogmáticas o de los eslóganes; es seco, no admite réplica, sino solo aceptación o rechazo. El equívoco es el de la poesía, de lo cómico, de los significados variados, técnicamente de la polisemia (muchos significados posibles con la misma afirmación). El tercero es el más propiamente humano, está hecho de analogías, tiene la fuerza de una explicación, implica precisamente poner ejemplos. Jesús en el Evangelio lo usa mucho, a través de las parábolas y otros ejemplos. Con una experiencia probada se puede decir que la eficacia de una comunicación está mucho más en la elección de los ejemplos, de las analogías, que en la precisión, aunque necesaria, de la afirmación concreta. Un niño capta más con un cuento que con un concepto.

Dicho esto, ¿cuál es la analogía esencial de la vida espiritual? La vida biológica. ¿Cuál es la analogía de la realidad sobrenatural? La naturaleza misma. En esta nota está la clave esencial de la hermenéutica utilizada en este libro, que no tiene nada de original: la creación es la mejor analogía de la redención. Se puede citar a este propósito la oración de la Santa Madre Iglesia, en la liturgia de la Solemne Vigilia Pascual, tras la lectura del primer capítulo del Génesis, que pone en paralelo la re-

Leo, por ejemplo, la historia de la mujer que sufre pérdidas de sangre en el quinto capítulo del evangelio de Marcos y sospecho un paradigma de curación de las heridas propio del mundo íntimo-sexual-afectivo. E intento aplicarlo. Con la actual madre abadesa del convento de las agustinas de S. S. Quattro, en Roma, madre Fulvia, buena amiga, usamos este texto para acompañar a las muchachas en proceso de discernimiento. Su efecto fue eficaz, luminoso. Fue en 2012. A continuación, con la ayuda de otros colaboradores, llegó el recorrido de su curación afectiva.

Lógicamente, este tipo de actuaciones no puede llevarse a cabo improvisando. Se necesita una triangulación entre realidad, fidelidad al texto, y el torrente de la tradición de la fe cristiana, mediante la cual, con los pies en la realidad cotidiana y un análisis honesto y fiel del texto, se intenta acoger —no inventar— el latente paradigma concorde con la fe que, si se confirma por signos providenciales, en el trascurso de un acto de oración y de fe —no ciertamente mediante una «técnica» banal— nos proporciona luz para movernos en la realidad. Es un trabajo de acogida, mucho más que de creatividad.

Es esta la gracia que recibí junto a los jóvenes con los que comencé mi ministerio, hace tantos años, en la contemplación de los Diez mandamientos, o los Siete signos del evangelio de Juan. El paradigma existencial está ahí, no hay que forzar el texto;

---

dención con la creación: «...*la creación del mundo en el comienzo de los siglos no fue obra de mayor grandeza que el sacrificio de Cristo, nuestra Pascua inmolada, en la plenitud de los tiempos*». En efecto: *lex orandi, lex credendi*. Si has llegado al final de esta nota, mereces un premio.

pero se encuentran mil confirmaciones sinfónicas en la historia de la fe cristiana, en la Encarnación y en la Pascua del Señor Jesús sobre todo, y también en los primeros concilios, en los textos de los Padres, en la fe de los santos, en el magisterio de la Iglesia. Y nos movemos con una naturalidad que sabe del obrar de Dios. Sin forzar.

Esto es más o menos lo que haremos también ahora. Entraremos en la escuela del paradigma de la creación, según la primera página de la Biblia, para entender el secreto del recomenzar desde el principio. Leeremos al mismo tiempo el texto bíblico y a nosotros mismos, y trataremos de captar el tesoro, el esquema, la filigrana de ponernos en pie, de hacer recomenzar nuestra vida: tal como lo han hecho tantos cristianos antes que nosotros, y en comunión con ellos. Para todo ello, vale la pena pedir la intercesión del cielo.

¿Y EL DISCERNIMIENTO?

Una nota esencial: por discernimiento no nos referimos a si uno debe casarse o hacerse sacerdote, ¡por favor! Esa es una segunda fase de una existencia ya inmersa en la comunión con Dios. ¡Qué destrozo haríamos si no tenemos en cuenta esta distinción!

Por discernimiento entendemos esa dinámica que guía interiormente a quien vive en presencia del Señor, como el Señor Jesús está en presencia del Padre. Discernimiento es la orientación profunda del ser. No es una elección singular, sino que subsiste en todas las opciones. Es el alimento de la vida nueva que el Señor Jesús ha inaugurado en la carne humana.

Un gato es siempre un latente predador, y cuando desarrolla la actividad predatoria es simplemente él mismo; un perro es un latente sabueso, y cuando rastrea y olfatea no hace nada «especial», desarrolla su actividad propia.

Un hijo de Dios no tiene discernimiento sobre la voluntad de Dios porque haya leído un libro o porque haya asistido a centenares de catequesis, sino porque «huele» al Padre en las cosas, puesto que lo conoce. El discernimiento no es una habilidad. Es una identidad redimida puesta en acto, es la relación de los hijos con el Padre que deviene sensibilidad, vista aguda, oído atento.

Dicho esto, podría parecer que el argumento del discernimiento que se menciona en el episodio de la Creación es un tema heterogéneo, colateral, puesto ahí por una estrategia desconocida. No. Esa naturaleza de la que se hablaba antes, cuando nos acercamos a un texto y lo respetamos, nos entrega sus tesoros.

La idea de afrontar este texto, según ya he dicho, partió por la mejor vía de todas: la comunión fraterna. Por mi ministerio como responsable del servicio para las vocaciones de la Diócesis de Roma debía enfrentarme al feliz desafío de reunir a sacerdotes y hacer algo en colaboración.

En los años 2012-2014, junto a los sacerdotes responsables de algunas parroquias romanas —que constituyen la duodécima prefectura de la Diócesis— habíamos organizado cursos para jóvenes, con buenos resultados, y vivimos entre nosotros momentos gozosos de concordia.

Al tener que desarrollar un tercer curso de educación en la fe para jóvenes, después del curso de primeros pasos en el discernimiento y del de formación en la afectividad, a uno de ellos, don Paolo Iacovelli, se le ocurrió la idea del *Hexameron*, es decir, usar los seis días de la creación como guía de trabajo; fue una aventura sorprendente, porque el texto se abrió paso con una vitalidad muy superior a nuestras expectativas.

Nos encontramos ante una estructura bastante precisa; al profundizar después en la Escuela de vida del primer viernes de mes en la parroquia de san Marcos, de la que era párroco el actual vicario para la diócesis de Roma, Mons. Angelo De Donatis, el texto puso en valor su sabiduría eficaz y logró reestructurar la vida de muchos, ayudándoles también a recomenzar. Parecían ejercicios sencillos, que permitían reordenar la vida espiritual, y se sentaban las bases para comenzar a crecer de un modo natural en la relación con el Señor.

Como veremos a continuación, son temas esenciales, puestos según un orden sencillo y sabio. Y es obvio que sea así, porque, como hemos visto, el texto mismo busca volver a poseer las buenas raíces de la vida, y poner voz al origen de todo, como sello de garantía de la realidad. Quiere describir el genoma de la vida humana y cósmica, y en por ese motivo desvela el mapa de la fidelidad a la vida.

Se sitúa como paradigma natural de todo comienzo, porque contiene el comienzo de todo.

Y si miramos su materialidad, nos sorprende encontrar tanto orden, tanta subdivisión equilibrada. El texto del primer capítulo del Génesis tiene un ritmo solemne, litúrgico, majestuoso. Se repite de un modo agradable, suena bien, avanza creciendo hasta la aparición de la apoteosis de lo creado, el hombre, varón y mujer espléndidamente iguales y complementarios, con todas sus bellas prerrogativas, dignas, nobles.

Es el camino del hombre, desde la nada hasta la recuperación de su dignidad, hasta ser él mismo; el el camino celebrado por un pueblo humillado, que va comprendiendo todo lo que ha desperdiciado.

Es el camino del hijo pródigo hacia el padre, el camino de Saulo a Damasco, de Agustín a la salvación, de Francisco a la pobreza, de Ignacio al discernimiento de espíritus. Y tantísimos otros.

De la desolación a la nobleza, a la belleza, a la fecundidad.

Es el protocolo de la vida buena.

Pero no solo describe esta vida, sino que llega mucho más allá; indica el fundamento y la estrategia de construcción.

¿Habré complicado excesivamente al lector? Esperemos. Me gusta mucho volver a recorrer este camino hacia la luz y hacia la distinción entre lo bueno y lo muy bueno. Porque es el conocimiento y el recuerdo de lo bello lo que da discernimiento. Es conocer al Padre, a su Hijo Jesucristo y al Espíritu Santo dador de vida, y estar dentro de su relación, lo que nos ofrece las claves del discernimiento.

Si conoces un vino bueno, ya no quieres el malo. Si conoces la sinceridad, la hipocresía te repele. Si conoces la belleza, la mediocridad te choca. Si conoces el amor, el pecado ya no te resulta simpático.

Y los distingues.

Una cosa está clara, para animar al lector, no para imponerle nada: no se puede vivir de lleno el dinamismo que aquí abordaremos sin eso que llamamos *oración*. Este libro dará pequeños consejos, a medida que avancemos, y no serán abstractos, sino para hablarlos con Dios.

El viaje que emprendemos no es una técnica banal. Si alguien busca mediocridad en este libro, pierde el tiempo. El discernimiento, incluso el inicial, se hace en diálogo con el Señor, porque no es una habilidad, es una relación.

La actividad que está por encima de todo, la que resume las cosas de las que aquí hablaremos, se describe así: «*Tú, por el contrario, cuando te pongas a orar, entra en tu aposento y, con la puerta cerrada, ora a tu Padre, que está en lo oculto; y tu Padre, que ve en lo oculto, te recompensará*»[8].

Lo que hablaremos en este libro implica entrar en el propio secreto, en la propia intimidad, en el propio «aposento», y «cerrar la puerta»; es decir, exige que habilitemos una zona a la que no tengan acceso los otros, un espacio en el que nos ocultemos del mundo y hablemos con Quien está en lo oculto.

Este viaje —para que no sea un libro, sino una experiencia— implica permanecer con el Padre, que es quien genera ese tipo de vida que hemos visto en Jesús de Nazaret. Recomenzar, en realidad, quiere decir

[8] Mt 6, 6.

ser regenerado. Se requiere un Padre. Recomenzar, no se hace. Se recibe.

Y para que sea Padre nuestro, debemos dejarle cumplir su oficio de Padre. Dejarnos trabajar por Él. Estar con Él. Dejarlo operar.

La segunda advertencia es que todo lo que lleguemos a comprender, al seguir las sencillas orientaciones que aquí se ofrecen, no debe darse por seguro hasta someterlo a una mirada prudente. Se requiere una *guía*, un confesor, un cristiano que vaya por delante de nosotros en la fe para verificar que no estemos cayendo en una trampa, y para objetivar mediante el diálogo cuanto corre el riesgo de convertirse en un confuso monólogo. Esta advertencia es absolutamente imprescindible. Si no se confronta con alguien lo que se vaya entendiendo, el riesgo de autoengaño es notable.

Decía san Bernardo de Claraval:

> *«qui se sibi magistrum constituit,*
> *stulto se discipulum facit»*
>
> *[quien se hace maestro de sí mismo,*
> *se hace discípulo de un necio].*

DÍA PRIMERO

El don de las primeras evidencias

Siempre quedan muchas más cosas
por reconocer que por conocer.

«En el principio creó Dios el cielo y la tierra.

La tierra era caos y vacío, la tiniebla cubría la faz del abismo y el espíritu de Dios se cernía sobre la superficie de las aguas.

Dijo Dios: "Haya luz". Y hubo luz.

Vio Dios que la luz era buena, y separó Dios la luz de la tiniebla.

Dios llamó a la luz día, *y a la tiniebla* noche. *Hubo tarde y hubo mañana: día primero»*[1].

Hay que resistir a la tentación de explicar todas las cosas que ocultan estas pocas frases. Este primer parágrafo merecería al menos una cincuentena de páginas para todas ellas[2]... ¡No es posible hacerlo! Re-

---

[1] Gen 1, 1-5.

[2] A título de ejemplo traumatizante, sería interesantísimo para el que suscribe analizar las dos palabritas iniciales, *en el principio,* que en hebreo son un solo término (*bereshit*) que significa, a la letra, *en cabeza,* y es una forma adverbial. La opinión de algunos comentaristas de escuela rabínica, que trabajan sobre el texto sin vocales, es leer como inacaba-

cordamos nuestro compromiso: leer este texto como paradigma para un recorrido existencial y espiritual de regeneración y discernimiento. Debemos limitarnos a eso, que, como veremos, es ya un reto enorme. Veremos que el primer día nos llevará más espacio que otros. Pero debemos poner las bases.

Frustrando mil curiosidades y el deseo de explicar tantas cosas bellas y profundas, como dice el evangelio de Lucas: «*No os detengáis a saludar a nadie por el camino*»[3], debemos ir derechos y no desviarnos.

«En el principio creó Dios el cielo y la tierra»

En el origen de todo está Otro. Las cosas no se inician por nosotros.

Es la primera afirmación esencial. No somos nosotros quienes ponemos la mesa. Encontramos las cosas hechas. Otro las prepara. No dictamos nosotros las condiciones de partida. Las cosas no responden a un plan nuestro. La realidad no nos obedece. Nos incorporamos siempre con la carrera comenzada.

Para recomenzar, este es el primer obstáculo contra el que es saludable tropezarse: se parte de las cosas como son, y no como «deberían ser».

La sabiduría no es una teoría que fuerza las situaciones a base de martillazos. Uno se encuentra

---

do el *br'-creare*. Lectura que, si se respeta, nos llevaría a una traducción diversa, desplazando el acento de todo el comienzo: «*En el principio de crear Dios el cielo y la tierra (...) Dios dijo: ¡Haya luz!* El texto sonaría como una referencia a la primera frase dicha por Dios.

[3] Lc 10, 4.

ante la realidad y el único camino inteligente es acogerla.

Pues ahora me toca dar un ejemplo usado miles de veces: el mejor cocinero no es el que dispone de los ingredientes para hacer el plato que pretende, sino el que abre la nevera y se inventa algo sorprendente aprovechando lo que allí encuentra. Ese es el verdadero arte. Acoger las situaciones, secundar la marcha de las cosas, valorar el verso de la vida. No remar a contracorriente, ideológicamente.

El problema está en que hay dos creadores: Dios Padre y nuestra cabeza. Uno crea la realidad, el otro la interpreta. Pero si partimos de un error, debemos saberlo: todos los errores de nuestra vida —y repito esta afirmación apodíctica: *todos*— vienen, al menos en parte, de esta metedura de pata: no haber respetado las cosas como son. No tener los pies bien puestos en la realidad.

El jefe siempre tiene razón

La vida, aunque nos fastidie aceptarlo, es un partido de tenis en el que nunca nos toca sacar. Saca siempre Otro. La bola de la realidad me llega con su efecto y su dirección, que es la que es.

Es el primer requerimiento beneficioso para recomenzar, o para comenzar bien: obedecer a las cosas tal como son. Estoy donde estoy. He hecho lo que he hecho. Me ha pasado lo que me ha pasado. Se recomienza desde donde estamos. Y de paso identifico a uno de mis enemigos más peligrosos: mis pretensiones. Mis expectativas.

¿De dónde partir: del rechazo o de la aceptación? Si algo de fuera estuviese cambiando para mí, siempre es solo porque algo está cambiando en mí. «*Nada hay fuera del hombre que, al entrar en él, pueda hacerlo impuro; las cosas que salen del hombre, esas son las que hacen impuro al hombre*»[4]. Los problemas más amargos son los que nacen de conductas equivocadas. Y los verdaderos errores son esos: los de comportamiento.

Partimos pues con un primer consejo sencillo. La receta dice: «Tomarse un buen respiro y... digerir lo sucedido».

Ha sucedido algo. Estoy en un punto de mi vida. Quizá no es el mejor momento de mi existencia. Podría también ser peor... Mejor desabsolutizar mi actitud, mi visión de las cosas. Hay algo mayor que yo y que mi impotencia. Hay un Padre, que es el Creador. Las posibilidades son dos: abrirse a Él o esclerotizarse en la amargura, en el desaliento. O, peor aún, en la ilusión de Scarlett O'Hara en *Lo que el viento se llevó*[5].

El Israel que escribe este texto vive en la humillación del posexilio, viene de siglos de cosas más o menos mal hechas. Y no lo calla. Lo llama por su nombre de modo congruente con el contexto:

---

[4] Mc 7, 15.

[5] ¿Tengo que explicar esa analogía? *Mammamía*... se refiere a la escena final de uno de los films más célebres de la historia del cine. La protagonista femenina, después de ser abandonada por su marido, expresa el estado ilusorio de toda su vida con una frase celebérrima: «... encontraré un modo de reconquistarlo. Después de todo, ¡mañana es otro día!». La pertinencia se puede comprender.

«La tierra era caos y vacío, la tiniebla cubría la faz del abismo y el espíritu de Dios se cernía sobre las aguas»[6].

Una serie de textos proféticos se relacionan con esta descripción —por lo demás, deprimente— del punto de partida de la creación, y son el principal motivo para datar el contexto vital en que se escribió ese texto[7].

Una situación incoherente, tenebrosa, deforme, desolada. La tierra es: *«caos y vacío»*. Una endíadis[8] relevante. Estamos en un estado de desorden. El suelo no tiene forma, está desolado y cubierto de tinieblas y, como entenderemos mejor en el segundo día, está incluso inundado.

Hermano caos

Tenemos que abrir un precioso paréntesis, pieza esencial en nuestra aventura. El caos, eso es. Dios Padre crea el mundo, y la cosa comienza como abismo y desolación. Una lectura de bajo nivel, que se hace pasar por cristiana, quiere que este sea el esquema de la obra de Dios: el estado de *chaos* (en griego *vacío, vorágine*) resulta cambiado por *kosmos* (en griego *orden,* de aquí la palabra *cosmético,* lo que vuelve *ordenado, bello*), y esa descripción sería el texto apropia-

---

[6] Gen 1, 2a.

[7] El principal y más impresionante es Jer 4, 23-26. Pero son relevantes también dos textos de Isaías: 45, 18 y 54, 9-10.

[8] La endíadis es una estructura lingüística en que se expresa un solo concepto mediante dos nombres coordinados.

do para la primera frase del Génesis. Algunas veces, temblando, he oído esta afirmación en boca de algunos predicadores. Pensarían, entre otros, en Hesíodo en su *Teogonía*[9], pero no la Revelación del Dios de Jesucristo.

El texto, lo admito, daría lugar a eso. Porque sería la Palabra de Dios la que comienza a sonar y sigue creando con su potente dicción, y transforma el abismo en orden.

No estoy en situación de mostrar cómo esta lógica no corresponde a la lectura patrística, que tiene un tenor bien distinto y parámetros muy diferentes.

Pero la idea latente que refutamos es la que combina los tres elementos caos-palabra-cosmos, es decir: el mundo se inicia en el desorden, y Dios por medio de su palabra lo lleva al orden y a la belleza. El *logos* (que en griego quiere decir *palabra*) es el punto de apoyo de la palanca de esta cosmética del caos.

Alguien podría decir: «Bueno, ¿y qué? ¿Es tan grave la cosa?».

Simplemente: ante todo no se entiende por qué el mundo lo haría Dios así: primero como un desastre y luego se pondría a ordenarlo. ¿Por qué no hacerlo directamente bello, y se tarda menos? Esto ya no cuadra mucho.

Pero más sutil es que el artífice de este pasaje sería el *logos*, la lógica, lo racional. El mundo, lo bello, lo hecho bien, sería lo lógico, comprensible.

---

[9] «Por tanto, lo primero fue el Caos, y luego Gaia [Tierra] la de amplio pecho, sede siempre segura de todos los inmortales que habitan la cumbre nevada del Olimpo...» (Hesiodo, *Teogonía*. La traducción es nuestra).

Lo caótico, lo ilógico, sería lo mal hecho, lo erróneo.

Permanezca atento el lector para captar el nivel en que nos movemos: no es el filosófico. Estoy hablando, por el contrario, de una mentalidad, de un modo de ver las cosas: ese de que lo bien hecho es lo lógico, linear, comprensible.

Eso es un problema. Un matrimonio es un evento caótico. Hacerse sacerdote es un evento caótico. Crecer —en el caso de un adolescente— es un evento imprevisible; irse de vacaciones tiene una dinámica ilógica; tener a un anciano en casa descompone la vida; una fraternidad cristiana, o simplemente humana, es algo desordenado; una enfermedad te llega sin que te enteres; tener un hijo es puro desorden. Un día nunca se desarrolla como has pensado. Las cosas nunca son como «deberían ser».

El mundo es caótico. Sigue así. La cruz de Cristo es necedad y escándalo[10]. Yo soy caótico. Nazco pobre, insuficiente. Y sigo así durante toda la vida.

Y, sin embargo, todos esperan un orden, una cierta regularidad real, y se pasan el tiempo intentando poner la vida en papel milimetrado, planificando, previendo, como si fuese un objeto domable.

Y todos buscando el demiurgo, el santón, una idea, un cero ortogonal que ponga todo finalmente en su sitio.

¿Qué tirano nos ha metido en el alma la necesidad de comprenderlo todo, y de pensar mal de lo que no entendemos? ¿Qué malvado déspota nos ha obligado

---

[10] 1 Co 1, 18-23.

a torturarnos porque estamos vacíos, porque somos caos, esperando inútilmente el día lógico y comprensible, el día en que todo esté en orden, en su sitio?

Estamos aún a la espera de ese mundo regular, simétrico, ordenado. Pero no ha llegado.

La simetría no existe en la naturaleza. Ni siquiera los cristales más perfectos son verdaderamente simétricos. La simetría es una exigencia de nuestra voluntad de encasillar lo real.

Las mujeres van tras esos cuatro o cinco años de aparente presentabilidad física, y tratan de mantenerla en pie durante todo el resto de su existencia —con la ayuda de los gastos en cosmética—. «Querida, te he preparado una sorpresa, baja enseguida, que salimos». «¡¿Enseguida?! ¿Pero cuándo es posible eso? Hay que arreglarse… Pero qué sabes tú…».

Dile al varón que todos tenemos un ojo más grande que otro, y que la mujer debe igualarlos cada vez que se arregla. La simetría cuesta trabajo. Las líneas rectas no existen.

Pon las cosas en su sitio. No terminamos nunca. Un día tendrás que comprender que hay que «dejar que los muertos entierren a sus muertos»[11] si quieres entender algo del Reino de los Cielos.

Cristo nace en una situación caótica, ni siquiera hay sitio para él en la posada; le amenaza un rey y debe pasar los primeros años de su infancia exiliado en Egipto. Algo no cuadra.

Un niño me contó una vez su primer día de escuela. La maestra le pidió que hiciera en casa una página

---

[11] Lc 9, 60.

de circulitos. Al llegar a casa, entusiasmado, comió a la carrera y se lanzó a «hacer los deberes». En la primera página de su cuaderno hizo un circulito. No estaba bien hecho. Lo borró. Lo rehízo. No le salía bien. Lo borró. Lo rehízo. No era perfecto. Lo borró. Lo rehízo...

Lo arrancaron del cuaderno porque era tarde. Había agujereado la hoja. El chico añadió: «Llevo toda la vida haciendo ese circulito».

Pasamos la vida esperando haber puesto las cosas en su sitio. Durante toda la vida nos falta algo, que no acaba de llegar. Toda la vida esperamos estar preparados para partir.

Nos falta una pieza. Desde siempre. Desde siempre estamos insatisfechos, torcidos, impresentables.

Caóticos.

Y no lo aceptamos. Antes o después, entre la gente que conozco, me encuentro con algo que me ha torturado desde que tengo uso de razón: ser «normal». Lo llamo así y lo sentimos todos: estoy estropeado.

Desde toda la vida no me siento normal, y encuentro gente que no se siente normal. ¿Cómo es una persona «normal»? ¿Y quiénes son? Nunca he visto una.

Todos, descontentos de sí mismos, de los demás, con el mundo, y al final, con Dios. Porque no ha hecho las cosas cuadriculadas. Todos somos circulitos malogrados.

Pero en física el caos, curiosamente, no es un estado sin orden, sino con un orden tan alto que no se puede abordar con nuestras matemáticas. Hay sistemas físicos que presentan una realidad de dinámica exponencial respecto a las condiciones iniciales. Son sistemas presididos por leyes deterministas, pero que aparecen con empírica casualidad en la evolución de las variables dinámicas. Esta conducta casual es solo aparente, porque se manifiesta en el momento en que se confronta el comportamiento temporal asintótico de dos sistemas con configuraciones iniciales que son solo arbitrariamente semejantes entre sí.

¡Qué *postureo* se puede alcanzar con la ayuda de Wikipedia! Bah, lo he parafraseado y simplificado un poco. Alguna cosita recuerdo de cuando escuchaba a mi padre, con la boca abierta. Él fue mi verdadero y mi único profesor de física.

En plata: es como si tratásemos de comprender la logística global de todos los sistemas que se necesitan para lanzar, mantener en órbita y hacer regresar a una nave espacial a partir de la estructura organizativa de un sacacorchos. Razonamos como si estuviésemos utilizando un sacacorchos (tal vez sin saber bien cómo funciona), y juzgamos la realidad universal, un millón de veces más complicada que el sistema organizativo de una nave espacial.

Y aunque conozco incluso gente que usa mal un sacacorchos, todos nosotros miramos la realidad y nos decimos: está mal hecha, no funciona

(Con poco éxito, de adolescente intenté explicar muchas veces a mi madre que mi habitación correspondía al concepto físico del caos. Una simetría según un orden superior. No pareció muy convencida...).

¿Pero qué sentido tiene entretenernos en este punto? Porque, para recomenzar, se empieza por el caos. Se empieza por aceptar que estamos desportillados como una taza vieja. Que no somos simétricos. Que hemos perdido ya piezas, incluso si somos aún muy jóvenes.

«En el mundo estaba, y el mundo se hizo por él,
y el mundo no le conoció. Vino a los suyos,
y los suyos no le recibieron»[12].

Cuando vino Jesús, no encontró las cosas simétricas. Entró en el plan del Padre, que no es un sacacorchos. Es el misterio escondido en los siglos. ¿Es posible que, para llevar la vida nueva, la vida de Dios al hombre, fuese oportuno pasar por las cosas torcidas? ¿Por el rechazo? ¿Por el malentendido? ¿Por la persecución de un rey tonto como Herodes? ¿Por los celos de cuatro sacerdotes mediocres? ¿Por los formalismos pequeños-pequeños de maestros hipócritas como aquellos fariseos?

Repitamos el primer consejo: *digerir lo real*. Acogerlo. Dejar de forcejear. Aceptar que estamos vivos, y poco más.

Aceptar que no comenzamos ya arreglados. Que partimos ya desde fuera de nuestro sitio. Zarpamos como pobres. Despegamos con el asiento roto. Con las manos vacías y sin presumir de nada. Es así como se comienza. En la doctrina cristiana se habla de «*creatio ex nihilo*». De la nada.

De ahí se parte.

La primera vocación

«...y el espíritu de Dios se cernía sobre la superficie de las aguas».

---

[12] Jn 1, 10-11.

Sobre aquel abismo inundado soplaba el «*viento*» de Dios. En hebreo la palabra es *merahefet,* y es una palabra interesante: es el acto de incubar. Como un pájaro incuba sus huevos, el Espíritu de Dios incubaba el abismo. Custodiaba las crías que debían llegar.

El problema es que antes de captar lo que está hecho, admito que algo ya estaba hecho. Antes de entender cuál es nuestro papel, nuestra vocación, tendremos que haber aceptado la primera vocación: vivir. No es poco. Alguien nos ha incubado, ha pensado que deberíamos ser. Ha preparado nuestra irrupción en la vida.

Cuántas veces, ayudando a chicos y chicas a discernir sobre la voluntad de Dios para ellos, he tropezado con un «no» inconsciente pero granítico, una negación de acero, un nudo apretado-apretado. No han acogido el vivir. La actividad, también la eclesial, el servicio, el voluntariado, son así utilizados como narcótico de un dolor profundo, el de sentirse indignos de vivir. Y se contempla la vida como algo que no nos merecemos.

Cuántas veces en mi ministerio he sufrido una punzada dolorosa, como la de una madre que descubre que su niña se siente equivocada, fea, que piensa que es un error. Es un dolor que destroza. Pienso que me llega desde muy lejos, desde el corazón de Dios: un padre que ve a su hijo autodestruirse, despreciarse, y no consigue hacerle entender lo precioso que es.

Si algo he gritado, con todas mis fuerzas, en mi ministerio, en todos estos años, era esto: ¡tú eres alguien hermoso! ¡Eres alguien importante! Y muchas veces lo he gritado en medio del ruido de la desesperación, de la resignación, de una conformidad de batalla perdida de antemano. Tratando de superar la tendencia a una rendición incondicionada.

Como abejas que renuncian a la propia miel, como músicos que se deshacen de sus instrumentos, muchos chicos, y no tan chicos, están ya convencidos de su propia nulidad. ¡Qué dolor! Tú estás ahí, ante un muchacho infeliz, y no sabes cómo hacerlo sonreír.

«Amas a todos los seres
y no odias nada de lo que hiciste;
porque si odiaras algo, no lo hubieras dispuesto.
¿Cómo podría permanecer algo, si tú no lo quisieras?
¿Cómo podría conservarse algo que tú no llamaras?
Tú perdonas a todos porque son tuyos,
Señor, amigo de la vida»[13].

¡Amigo de la vida! Que llama a la existencia.

Pero ante una llamada, ¿se puede decir que no? Inevitablemente.

De otro modo no tendríamos más remedio que aceptarla, y no seríamos personas, sino mecanismos.

De hecho, el castillo de nuestra falta de sintonía con la vida es un castillo conquistable solo desde dentro.

Nacidos sin nuestro plácet, la vida que Dios nos ha regalado es como un cachorrito que mueve la cola a nuestro alrededor pidiéndonos mil veces: ¿te conmueve? ¡Dime que sí!

---

[13] Sb 11, 24-26.

Puede suceder que no nos tomemos la molestia de responder afirmativamente. Solo nosotros podemos decir que sí. Dios no nos lo puede imponer.

He visto pobres, en África o en Filipinas, entusiasmados con la vida, y quizá comían rara vez. Y he visto suecos, ingleses, holandeses, grises alemanes, autodestructivos, entontecidos por la droga.

Y romanos desinflados. Pero, ¿cómo puede ser? ¿Cómo se puede ser romano, y sentirse privado del rasgo esencialmente romano del carácter? Ese carácter envidiable, espléndido, capaz de responder con un bendito «me-importa-un-rábano», con la ceja alzada de suficiencia en dirección al Imperio, al Vaticano, al renacimiento, al empalagoso barroco, al *risorgimento*, a todo. Pero, ¿cómo se puede perder esa divertida chulería, esa seguridad inconmovible que hace de los romanos gente convencida de sobrevivir, venga lo que venga? Y cuánta razón tienen. Gente que lo encaja todo, que pasa página como si nada. Cuánta pobre gente en todo el mundo conoce este arte que tiene en el fondo una luminosa, una maravillosa verdad: estoy vivo, y no es poco.

Estamos vivos, y no es poco. Muchas veces es más que suficiente.

Haz que eso te baste. ¡Que lo que sobra, viene del maligno!

He visto a niños con la vida muy condicionada por la enfermedad, pletóricos de vitalidad, y a gente bella como el sol y dotada como una cascada, encerrada con sellos de plomo.

Hay que atrapar ese dolor sordo, fabricado de desilusión y entretejido por el sinsentido, y ponerlo a los pies de un Crucifijo. Hay que dejárselo a Quien ha pensado que nuestra vida merece que Él entregue la Suya a cambio.

Para recomenzar hay que pensar que se tiene el derecho de hacerlo.

Y nosotros, si nos miramos bien dentro, no sabemos cómo otorgarnos a nosotros mismos ese derecho, cómo darnos ese «ok».

Pero hay Uno que lo considera justo.

Miro a Cristo y me pregunto: pero ¿qué encuentra Él en mí para morir por mí? Está ahí, y lo hace. Sigue ahí, porque ya lo ha hecho.

Cristo me ha amado antes de mis acciones. El Padre lo ha entregado por mí.

Antes de que recomience, antes de dar el paso justo, soy alguien justo. Ni siquiera Judas debería haberse matado. Su suicidio ha sido su pecado mayor. No debía suprimirse. Podía recomenzar, bendito sea Dios, sí, ¡podía recomenzar! Cualquiera puede recomenzar.

Porque estamos vivos.

Y esto es voluntad de Dios.

El primer paso

Decir sí al hecho de que existimos y no sorprenderse de partir del caos. Darse el derecho, porque se nos ha otorgado de lo alto, de recomenzar, aunque seamos muy pobres.

¿Y después?

> *«Dijo Dios: "Haya luz". Y hubo luz.*
>
> *Vio Dios que la luz era buena, y separó Dios la luz de la tiniebla.*

Dios llamó a la luz día, y a la tiniebla llamó noche»[14].

Aquí estamos. De aquí se parte. Antes aún de gozar de la palabra que dice Dios, notamos que enseguida sigue una separación. En este texto, separaciones y distinciones, habrá muchas. Por eso es un texto muy útil para iniciar el viaje del discernimiento.

Aquí se distingue la luz de las tinieblas, y se las llama «día» y «noche». ¿Por qué darles nombre? Este acto que veremos repetido en otras partes, aparece aquí como explicitación ¿de qué cosa? La primera palabra de Dios es: «*¡Haya luz!*». Y eso es una cosa buena, una cosa que ayuda a distinguir, se la llama *día* y es distinta de la *noche*. La luz, lo hemos notado, es el absoluto del universo: Einstein se apoyará en la velocidad de la luz como constante para establecer la energía sobre la base de la variable de la masa, para su celebérrima ecuación...

La luz es buena. En hebreo el término *tov* [bueno], como ya hemos dicho, quiere decir: lo bello, lo bueno, lo justo y todo lo positivo.

Oigamos a san Pablo:

«*En otro tiempo erais tinieblas, ahora en cambio sois luz en el Señor: caminad como hijos de la luz, porque el fruto de la luz se manifiesta en toda bondad, justicia y verdad. Sabiendo discernir lo que es agradable al Señor, no participéis en las obras estériles de las tinieblas, antes bien combatidlas, pues lo que estos hacen a escondidas da*

[14] Gn 1, 3-5a

vergüenza hasta el decirlo. Todas esas cosas, al ser puestas en evidencia por la luz, quedan a la vista, pues todo lo que se ve es luz»[15].

Luz y tiniebla pueden ser entendidas de muchos modos, pero es claro que esta es una línea típicamente bíblica: la luz es el bien, lo válido. Ser hijos de la luz quiere decir ir hacia los frutos bellos, llegar a las cosas bellas. Y se denuncia abiertamente a las tinieblas como tales. Mientras que es necesario «discernir lo que es agradable al Señor».

Repitamos: eso se llama *día* y *noche*.

San Pablo, en otro pasaje, nos ayuda a entender mejor:

«*Pero vosotros, hermanos, no estáis en tinieblas, de modo que ese día os sorprenda como un ladrón; pues todos vosotros sois hijos de la luz e hijos del día. Nosotros no somos de la noche ni de las tinieblas. Por tanto, no durmamos como los demás, sino estemos en vela y mantengámonos sobrios. Los que duermen, de noche duermen, y los que se embriagan, de noche se embriagan; pero nosotros, que somos del día, mantengámonos sobrios, revestidos con la coraza de la fe y de la caridad, con el yelmo de la esperanza de salvación*»[16].

El día y la noche, por tanto, son lo que se hace y lo que no se hace. El día es espacio para la actividad,

[15] Ef 5, 8-13.
[16] 1 Ts 5, 4-8.

la noche es la zona de las cosas de las que hay que abstenerse.

Y enseguida decimos que todo nuestro viaje estará bajo este «¡Haya luz!». Lo que es día es lo que deberemos abrazar y, en cuanto sea posible, alejarnos de lo que es noche. Jesús, para explicar por qué hace algo que los discípulos no comparten —cuando decide volver a Judea a pesar del riesgo de que le maten (y será lo que pase)— dice:

> «*¿Acaso no son doce las horas del día? Si alguien camina de día no tropieza. porque ve la luz de este mundo; pero si alguien camina de noche tropieza, porque no tiene luz*»[17].

Está hablando de su misión. Dos capítulos antes, dice, en efecto:

> «*Es necesario que nosotros hagamos las obras del que me ha enviado mientras es de día, porque llega la noche, cuando nadie puede trabajar*»[18].

El día es la misión. La noche es lo que queda fuera de nuestra misión.

Caminar de día quiere decir no tropezar.

Una de las cosas que he tenido que probar con dolor en mi propio pellejo, y que no me canso de repetir, es que la obra en la que el enemigo de la naturaleza humana —como lo llama san Ignacio de Loyola— es

---

[17] Jn 11, 9-10.
[18] Jn 9, 4.

más pertinaz, no es la de hacernos cometer el mal. Quien piensa así está espiritualmente en la edad de piedra. La obra fundamental del enemigo es evitar que hagamos el bien. Que es bastante distinto.

No es importante para la tiniebla hacernos cometer cosas malas. Propiamente no está ahí el punto. Veremos mejor esto en el cuarto día, pero queda dicho que lo importante para el padre de la mentira es que permanezcamos lejos de nuestro día, de nuestras obras, del bien que nos espera y que son nuestras doce horas de actividad bendita. Para lo cual, incluso con cosas inocuas o quizá éticamente laudables, lo importante para él es hacernos perder el tiempo.

Una vida llena de pérdidas del tiempo. Una vida de dilaciones en las cosas verdaderamente «nuestras».

Lo primero que hay que decir a muchas personas es: el día es el día, y la noche, la noche. Cuántos hombres y mujeres pasan noches embobados ante la televisión, o días empleados en tonterías. ¡Cuántas pérdidas de tiempo!

El día es el día, y de día se trabaja; de noche principalmente se duerme. Esto puede parecer normal, pero sin embargo mucha gente no lo hace. Las personas se dejan robar el tiempo con cosas insulsas; y leen las noticias, navegan por internet, revisan el mail, y facebook, y twitean cretineces, y whatsapean chistes, y contemplan debates televisivos a la una de la madrugada, pero quizá no le han contado un cuento a su hijo para ayudarle a dormir porque no tenían tiempo, y ahora están llegando tarde con la Vespa. Y buscas ese libro que no te acuerdas donde lo has dejado, y sigues con la inercia de charloteos inconsistentes que te hacen perder una hora de sueño en el vacío. Hay cantidad de cosas que podrías (a) hacer mañana tranquilamente, o incluso mejor (b) dejar de hacerlas.

Es que no consigues encontrar el camino de la cama. El mail de la una de la madrugada, que no deberías enviar nunca —dicen que después de las 11 de la noche desaparecen los niveles críticos del pensamiento, y lo que dices y escribes, en general, está fuera de lugar—, ese mail, al día siguiente, lo relees y dices: pero ¿cómo he escrito yo esto?

Luego vienen las noches «transversales», en el sentido de que las atraviesas en pleno día: ahora rezo, pero antes miro un momento una cosa (y luego no rezas); o comienzas una larga reflexión sobre una curiosidad que no tiene nada que ver con lo que estás haciendo, y terminas hablando abiertamente solo de eso; y sales para comprar una cosa, y regresas con dos bolsas llenas de otras cosas; y una de las mejores: haces el elenco de las cosas por hacer, y empleas en eso un montón de tiempo…

¿Y qué más? He preguntado a mis colaboradores, y les ha faltado tiempo para hablarme de tantas fuentes de dispersión, heladoras, que registro en nota al pie de página por razones de economía expositiva[19].

---

[19] Hombres de 50 años con la *playstation*; y mujeres navegando por la página de Ikea; y revisando la cuenta de los «like» en su red social; y los triángulos de las Bermudas existenciales de cinco horas perdidas en estado cataléptico buscando un libro en la red y cayendo en los «también podría interesarte»; y series y más series que exigen ponerse al día de los capítulos precedentes, porque solo se vio uno episodio de la sexta temporada; y la última razón de la existencia en este tercer milenio, o sea, los *selfies*, que la gente se los hace incluso con el Papa; y abrir la puerta a un post de Facebook… y adiós a las próximas tres horas de conversación; y ver si en Amazon hay mejores ofertas de lo que quiero comprar y acabar comprando otros productos… Y mejor dejarlo aquí.

Pero estos son solo ejemplos «suaves». Pensar el tiempo que se pierde con los siete pecados capitales (siete para los occidentales y ocho para los orientales). La naturaleza primaria del pecado es, en efecto, lo ausente, lo perdido.

Un rápido recorrido permite apreciar cuánto tiempo se pierde con el pecado; y si los ejemplos dados o los que van en la nota pueden todos encuadrarse en la pereza, no hay que olvidar la vida desperdiciada en la ira —royéndose las tripas y quizá perdiendo el sueño—, o en la envidia. Y las importantes pérdidas con la gula y todas las obsesiones del bienestar, parágrafo del capítulo de la gula misma; y el agujero negro degenerado de la lujuria. La tendencia centrípeta del orgullo, que saca a las cosas de quicio, y las ansias peligrosas y descentrantes de la avaricia. Y la tristeza, octavo pensamiento maligno —que nosotros los occidentales no tenemos en nuestro elenco, y no porque no estemos expuestos a ella—, que enreda la inteligencia en los pensamientos negros, enloqueciendo la acción.

El problema del pecado no es el pecado mismo sino aquello de lo que es alternativa: el amor. Por eso, todo el tiempo que se pasa sin amar es noche, es tiniebla. Puede ser insulso, como en los ejemplos precedentes, o grave; pero el efecto es el mismo: no se entra en la luz.

Alguien dijo que no importa si un pájaro está amarrado con un hilo de lana o una cadena: en todo caso no podrá volar.

La tentación, en este punto, sería ponerse a hacer el elenco de las pérdidas de tiempo. Sería un grave error, y caeríamos en la famosa y vieja trampa:

«Un oráculo de pecado habla al impío en lo íntimo del corazón.

El temor de Dios no está ante su vista.

Se engaña a sí mismo, a sus propios ojos, para no descubrir su culpa y detestarla.

Las palabras de su boca son malicia y fraude, ha renunciado a ser sabio y a obrar el bien»[20].

Esto es: no mirar con microscopio la culpa, la dispersión, porque también esto es una pérdida de tiempo. Caer en la trampa del autoanálisis estéril, la última extremidad del pecado que habla en el corazón del impío. De un modo narcisista el pecado habla de sí mismo, otorgando el placer de una aparente solución por la vía de la comprensión. Una vez que has identificado y descrito el pecado, lo tienes solo identificado y descrito, pero te sientes incapaz al mando de esta nave de basura...

Se trata, por tanto, de «*ser sabio y obrar el bien*». ¿Qué quiere esto decir?

¡Haya luz!

Dios dijo: «¡Haya luz!». Y la luz se hizo. ¿O sea?

Pensemos en entrar en una habitación oscura (cuando explico esto a los chicos, hago precisamente esto). Luego hay alguno que encuentra el interruptor y enciende: al principio molesta la luz, pero luego se ven las cosas. Lo primero que se ve son las cosas grandes, las inmediatamente visibles, claro.

---

[20] Sal 36, 2-4.

No veremos todos los detalles, no tendremos un análisis completo, detallado, del lugar en que estamos, pero viviremos el impacto con los objetos relevantes: aparecerá la primera evidencia, esto es lo que salta a la vista de inmediato.

Esto mismo ocurre en la vida espiritual: no se puede partir de las minucias, de los detalles, de las luchas concretas, de los vicios tomados de uno en uno, sino de las primeras evidencias.

En la vida, tanto interior como exterior, para permitir que Dios nos reconstruya, no tiene sentido partir de los detalles: hay que partir de las cosas macroscópicas, las que se ven en cuanto se enciende la luz.

Son esas que la tradición espiritual llamará «*voluntad de Dios significada*»: eso que es «*evidentemente*» la voluntad de Dios.

Si hemos caído, lo primero que hay que mirar para dejarse poner en pie por la generosidad del Padre, o para volver a «funcionar» bien y resintonizarnos con Él, debe ser algo que esté a nuestro alcance, inmediatamente disponible.

Lo que sigue es muy importante: *hay cosas que no necesitan discernimiento*. Hay realidades que aparecen ante nosotros como evidentes. No hay necesidad de hacer ningún análisis complicado para verlas. Están antes del discernimiento. Enciendes la luz y las ves.

Son cosas obvias que uno no toma en consideración.

Hagámonos una buena pregunta: antes de buscar las cosas que no sé, ¿cuáles son las que ya sé? ¿Qué está ya claro? ¿Cuál es la primera certeza en que apoyarme? Aquí, en efecto, no se trata de conocer, sino de reconocer…

Antes de mirarse en el espejo, quizá hay que limpiarlo, no vaya a ser que una mancha del espejo la confunda con mi problema...

Es curioso: para comenzar a discernir hay que comenzar por identificar las zonas en que hay cosas que aceptar, en las que hay cosas que admitir, y esas otras zonas en las que habrá cosas por descubrir, que son menos de las que se piensa.

Porque es extraño que la luz, muchas veces, ya esté ahí.

La luz no es algo que hacemos nosotros. Es un don de Dios. Pero hay algo extraño en este texto: no se está hablando del sol. El sol se crea en el cuarto día. Entonces, ¿de qué estamos hablando?

> «*El Verbo era la luz verdadera,*
> *que ilumina a todo hombre, que viene a este mundo.*
> *En el mundo estaba,*
> *y el mundo se hizo por él*»[21].

La luz verdadera. Esa de la que la luz física es solo una analogía

Algo para lo que estamos predispuestos, porque ilumina a todo hombre. Debe llegar, es la luz que iluminará el mundo y hará retroceder la oscuridad, cuando se oscurezca el sol[22]. No habrá necesidad del sol, desaparecen las tinieblas y brilla la luz[23]. De hecho, ya está, porque el mundo ha sido hecho por Él.

---

[21] Jn 1, 9-10a.
[22] Mc 15, 33.
[23] 1 Jn 2, 8b.

Hay meditaciones extraordinarias de los Padres acerca de este asunto, pero añado mi pobre experiencia, sencilla: acompañando a varios adultos al bautismo, gente que creció lo más lejos posible de curas y monjas, hijos de sesentones dogmáticos, como dice Fabrice Hadjadj[24], me he encontrado con que la luz, la verdadera, estaba ya allí, en estos hijos del dogmatismo ateo, a pesar de sus padres. Dios es generoso, y mucho. Y pasa a tu lado, esa vez cuando eras niño, o ese día en el hospital, o esa noche no sé dónde. Y no te vuelves a acordar. No puedes llegar al bautismo y a la vida nueva apoyándote solo en eso, pero Dios manda cometas a los paganos. Y es tan bello lo que van aprendiendo… Luego tendrán que encontrar Jerusalén, y las Escrituras, y al final la Madre de un Hombre Nuevo a quien regalarle todo, porque todo te lo da. Y caminarán por caminos distintos. Pero todo parte de una irrupción que no pide fe, que es solo un regalo. Es autoevidente.

Este es el primer día: la luz que llega antes que todo lo que tratas de ser. La luz de lo que eres. El hecho mismo de que eres.

Tenemos, quizá pequeña-pequeña, recóndita, sepultada, silenciosa, gentil, respetuosa pero verdadera, una luz en el alma. No nos basta para salvarnos, porque es pura gracia, y la gracia no se impone. Pero está ahí. Está ya.

He preguntado mil veces a las personas que me contaban historias dolorosas: pero tú, de verdad, más

---

[24] F. Hadjadj, *Resurrezione. Instruzioni per l'uso,* Ares, Milano 2017, pp. 5-6.

allá del papel de víctima que has asumido al contarme tu historia, ¿por qué piensas que te ha sucedido todo esto? Y si la persona se quita la máscara del papel que ha representado, puede contarte maravillas.

Recuerdo a una señora sin una pierna desde niña. No sé cómo conseguí decirle que aquella minusvalidez era una puerta abierta al reino de los cielos, que aquella era una oportunidad y no un callejón sin salida, que ella podía conocer el arte de consolar si aceptaba llevar aquella espantosa cruz como Cristo había llevado la suya, y que yo no sabía por qué había permitido Dios esta realidad trágica que condicionaba toda su vida, pero que era un secreto que el Padre le había confiado y que ella debía acoger... Se me habían acabado las palabras. Me miraba, con el ceño fruncido, con los ojos muy abiertos. Tuve el tiempo de pedir a Dios perdón si la había herido o si había banalizado su situación, preparándome a darle excusas, y... explotó. Golpeó con el puño el brazo de la silla de ruedas y gritó: «¡Yo lo sabía! ¡Sabía que esto no era una desgracia! ¡Siempre he sabido que esto servía para algo! ¡Nunca lo he dicho a nadie, pero cuando era niña pensaba por dentro: ¡mi vida tiene un sentido! ¡Todo esto no es una casualidad!». En ese momento aquella señora estaba muy por encima de hombres y mujeres bípedos, pero existencialmente cojos.

Es como cuando te encuentras ante un enfermo alegre. Y sientes que lo que él comunica no es un carácter superficialmente optimista, sino algo que es verdadero. Punto final. Que la vida es bella, y no hemos nacido para estar bien sino para amar, y quien lo hace, quien se abre a amar, emprende el camino justo.

La luz. Ya está. Dentro. No basta, pero está. Necesitamos al Señor y la ayuda de quien lo conoce para que brille y te salve, pero ahí está.

Y sirve para recomenzar. Porque necesito un motivo para recomenzar a caminar. Necesito un impulso interior, debo tener deseos de buscar algo que sé que está ahí. Y el motivo está escrito por la gracia dentro de mi alma. Sé que no puedo tirarme a la basura, que no me puedo desperdiciar. Esta voz combate contra otras mil voces negras y rabiosas. Pero la puedo escuchar.

Es un ejercicio importante, antes de pasar al aspecto práctico: escuchar esa vocecita pequeña pero verdadera. Pararse —el tiempo que queramos— y decir a Dios Padre: habla. Te lo ruego. Dime que me has creado tú. Recuérdame cuándo has pasado a mi lado y me has acariciado.

Y esa caricia es una semilla de esperanza. Es las ganas de recomenzar. Es algo que sonríe dentro. Que está por encima de los pecados. Soy yo y eres tú. Que tenemos ganas de vivir. Que no estamos descontentos de ser. No, no lo estamos. Que nos damos cuenta de lo que valemos. Y es verdad.

Si uno la deja pasar, nada cambia alrededor, pero la dirección interior es muy otra.

Y ahora, lanza un soplo fresco interior de valor, de ganas de volver a probar.

¡Y HUBO LUZ!

Pasamos a lo práctico: y partimos, por cierto, de las primeras evidencias. La idea es como «ir a urgencias».

Cuando hablo con chicos que han hecho este recorrido, es lo primero que recuerdan: «¡Las primeras evidencias... cuánto me sirvieron! De vez en cuando vuelvo a considerarlas...».

Hay que partir precisamente de lo más banal: *el cuerpo*. Algunos quisieran partir quién sabe de qué, tal vez de una vocación detallada, específica, mientras que casi siempre es preferente desactivar la difusa actividad autodestructiva: por la noche, ¿cuándo te vas a la cama? Por la mañana, ¿a qué hora te levantas? ¿A qué hora rezas? ¿Qué tal estás comiendo? Se trata de cosas elementales, pero importantes, como el cuidado del propio cuerpo y de las situaciones de la propia vida.

Y sobre el cuerpo, abrimos la nota de la salud. En plan: ¿cuándo te haces una revisión médica? ¿Cuándo dejarás de comer como una lima? ¿Cuándo te harás un análisis de sangre?

Luego hay que mirar *el espacio*. Algunos están en el lugar equivocado, lo saben perfectamente, y podrían mudarse, pero lo posponen. Entretanto, quizá se preguntan si deben partir para África, pero bastaría desplazarse mucho más cerca... Otros deben poner orden en su habitación. Y no son solo chicos, también adultos. A veces curas. Diría que al 70% de las personas les afecta este asunto. Querrían discutir la organización de la sociedad civil o eclesial, pero para encontrar algo en su habitación se requiere un zahorí.

Digo: si quieres ponerte a preparar un examen, y tienes tu mesa con tres niveles distintos de papeles, ¿qué haces? ¿Pones los libros del examen encima de esa montaña de cosas que ya están allí, o antes quitas lo que hay encima de la mesa? Haz espacio en tu vida, quita las cosas que no son «vida».

Aquí, obviamente, hay que mirar *el tiempo*. La zona cronológica para hacer las cosas: ¿cuánto haces, y cuándo lo haces? Este tipo de análisis lo hago entre bromas y veras, porque tiene un cierto impacto traumático. No hay que desanimar a nadie. Porque si te pones a analizar el uso del cuerpo, del tiempo, del espacio, puedes deprimirte bastante…

Algunos antiguos directores espirituales recomendaban hacer un ejercicio sádico: «Me debes describir, desde que te levantas hasta que te acuestas, de media hora en media hora, lo que has hecho en concreto con tu tiempo». Mi primer director espiritual me lo aconsejaba. Una semana. No se lo di a ver. Me daba mucha vergüenza. Pero comprendí muchas cosas. Y él reía, reía. Don Marcello Pieraccini, Dios lo tenga en su gloria, ¡cuánto bien me hizo!

Así comienza uno a poner los pies en la tierra. Y quizá descubre que es un demente. Dios está esperándote en tu vida real, pero eres tú quien no está ahí. Y vale la pena que te centres, si quieres vivir mejor…

¿Basta entonces con reconocer las cosas? ¡Qué va!

Hay que atender, como se dice técnicamente, *los deberes de estado*. Las cosas que están implícitas en tu condición. Son esas cosas que por definición no cabe duda que debes hacer. Rompes así el hilo autodestructivo y pones las bases del discernimiento.

Daremos solo algunos ejemplos.

¿Eres… estudiante? ¿Y cómo van los exámenes? ¿Hay tal vez momentos silenciosos en que el compañero que está estudiando a mi lado piensa: «¿Por qué le habré preguntado algo? No para de hablar…».

¿Eres padre o madre de familia? ¿Tiene que aparecerse, rodeado de gloria, san Barsanufio del Monte para comunicarte que ese tiempo que pretendes dedicar al videojuego de fútbol o a esa serie televisiva sencillamente no existe? ¿Y para recordarte que, si no hablas con tu mujer, es difícil que podáis entenderos? ¿Y que, si no estás con tu hijo, no puedes pretender que venga sin malas notas?

«Pero yo quería hacer el Camino de Santiago…»

«Sí, está bien, ya sé que lo harás, pero el problema está en cómo te entiendes con tu mujer. Y con tus hijos… ¿Pasas tiempo con ellos?».

Si hablas luego con la mujer, quizá te diga: «Sí, quiere ir a Santiago y ya van tres meses desde que se rompió la persiana del comedor, es cosa de media hora y dice que no tiene tiempo de arreglarla…».

Estas son las primeras evidencias, hay que partir de ahí. Mejor lo sencillo que lo complicado, siempre.

Empieza por visitar a tu tía que está en el hospital, que hace dos meses que deberías haber ido. Ocúpate de eso que nunca pagas hasta última hora. De las negligencias. Limpia el espejo. Luego te mirarás.

En la vida espiritual no se puede avanzar a través de lo extraordinario, hay que partir de lo sencillo. Hay personas que van de cura en cura, de escuela espiritual en escuela espiritual, buscando experiencias apasionantes, estremecedoras, emocionantes. Y siempre están en el mismo punto.

Quizá, la simple regularidad de una breve y constante oración cotidiana a su hora es lo primero que hay que hacer. Uno querría llegar a ser san Francisco desde cero, en doce lecciones. Pero no es posible, eso no existe.

En la montaña, cuando se hace un ascenso, se debe partir con un paso lento, no se puede empezar a la carrera, porque luego uno se agota y no llega a la cumbre. Hay que ir con paso humilde.

Guárdate de empezar enseguida con las cosas más refinadas: no sirve para nada, pues carecen de base, de un contenedor que las reciba. Debemos encontrar antes la caja en la que introducir las cosas más importantes, y ya abordaremos más tarde las más complicadas. Esa caja representa los buenos hábitos que combaten nuestra tendencia a la autodestrucccción.

En general, estas cosas ya están claras. Las admitimos.

El consejo que doy a los jóvenes al llegar a este punto es: haz una lista de primeras evidencias; cuatro o cinco, incluso menos. Si escribes más de eso, te las estás inventando.

Algunas veces, le echamos un vistazo de prueba. Y nos reímos de gusto. Prueba a reconocer las primeras evidencias. ¡Hace tanto bien admitirlas! Y comenzamos de nuevo, quizá después de mucho tiempo, a cuidar de nosotros mismos, obedeciendo a la luz primaria, que dice: ¡mira que hermoso es que seas así, precisamente tú!

¡Deja de maltratarte!

Si haces esta lista y tienes el valor de someterla a alguien que te quiera de verdad —porque solo quien te quiere de verdad, te mira de verdad— tendrás más luz.

Cuando terminas por admitir que no puedes retrasar más algo, y el otro asiente en silencio, o dice «¡ya era hora!», puedes tener la certeza de que no has disparado al aire.

Y si tienes acompañamiento espiritual —animal raro en vía de extinción— y tienes el valor de enseñarle tus primeras evidencias, tendrás mucho adelantado. Y Dios Padre aumentará esa luz en tu corazón.

DÍA SEGUNDO

El don de las prioridades

«Dios no es un Dios de confusión, sino de paz»[1].

«Dijo Dios:
—Haya firmamento en medio de las aguas
que separe unas aguas de las otras.
Dios hizo el firmamento,
y separó las aguas de debajo del firmamento
de las aguas de encima del firmamento.
Y así fue. Dios llamó al firmamento cielo.
Hubo tarde y hubo mañana: día segundo»[2].

El pueblo que nos entrega este texto litúrgico —porque toda la Biblia es esencialmente esto— tiene una mentalidad determinada, que deja su huella patente.

Para entender el segundo día, debemos entender antes qué es el agua para Israel.

Un pueblo que habita en un lugar semidesértico, como es la tierra de Israel, tiene una relación de amor-odio con el agua. Dramáticamente urgente, el agua es

---

[1] 1 Co 14, 33.
[2] Gn 1, 6-8.

el bien precioso por el que se camina, se combate, se murmura. Es la cosa que muchas veces falta, y que angustia. En todo caso está vinculada a la vida, a la supervivencia. Obviamente.

Algunos salmos definen la relación con Dios sobre la base de un paralelismo con la sed[3]. El Señor Jesús dirá:

> «*Si alguno tiene sed, venga a mí; y beba quien cree en mí.*
>
> *Como dice la Escritura, de sus entrañas brotarán ríos de agua viva.*
>
> *Se refirió con esto al Espíritu que iban a recibir los que creyeran en él*»[4].

El agua viva —como se comprende también en el diálogo que mantiene Jesús junto al pozo con una mujer samaritana[5]— quiere decir agua de manantial, y se opone al agua estancada en un aljibe, y es el objeto soñado por todo peregrino en el desierto. El evangelista une la imagen al Espíritu. Que es la vida de Dios.

El agua es, por tanto, símbolo de vida, ya sea biológica o espiritual.

Pero a veces no.

Si, por una parte, el agua es muy deseada, porque de ella depende la vida, los cultivos y la supervivencia del ganado, por otra, al mismo tiempo, también en las mismas zonas desérticas... ¡puede traer la muerte!

---

[3] Un ejemplo entre tantos: Sal 63, 2.

[4] Jn 7, 37b-39a.

[5] Cfr Jn 4, 9-14.

La conformación geológica entre el sur de Israel y el Sinaí —hasta el norte de África— presenta el fenómeno de los *wadi*. Se trata de valles excavados por el lecho de los torrentes creados por las imprevisibles tormentas del desierto, que en un instante se convierten en violentos ríos que arrastran todo lo que encuentran.

Nos dice el evangelio de Mateo:

> *«Por lo tanto, todo el que oye estas palabras mías y las pone en práctica, es como un hombre prudente que edificó su casa sobre roca; y cayó la lluvia y llegaron las riadas y soplaron los vientos: irrumpieron contra aquella casa, pero no se cayó porque estaba cimentada sobre roca. Pero todo el que oye estas palabras mías y no las pone en práctica es como un hombre necio que edificó su casa sobre arena; y cayó la lluvia y llegaron las riadas y soplaron los vientos: se precipitaron contra aquella casa, y se derrumbó y fue tremenda su ruina»*[6].

Esta semejanza de Jesús tiene su fundamento. Es una experiencia de los que le escuchan: el agua puede desbordarse de golpe, y destruir todo lo que no tenga buenos cimientos.

Entonces el agua es también muerte. Y no solo por esto.

La imagen fundamental de lo «no habitable», para un pueblo de caminantes como es Israel, es el mar, que da miedo. Los textos llegan a dar el título de mar

[6] Mt 7, 24-27.

a un lago, de por sí bien delimitado, tal como el de Tiberiades. No hay nada que hacer: cuando un israelita bíblico ve tanta agua queda un poco confuso.

De hecho, el pueblo no se asentará nunca verdaderamente en la franja cercana al mar mediterráneo. Es esa zona la que dará luego nombre a «Palestina» por traducción de los «Filisteos» —los enemigos por excelencia de los israelitas—, que tendrán supremacía precisamente en esa franja. Es mirada con antipatía por el pueblo hebreo: demasiado cerca del traidor enigma del mar, masa espantosa de muerte amenazadora. Y además esa agua es salada, como la del Mar Muerto, donde todo perece.

En suma, cuando el agua es poca y dulce, es útil, es supervivencia, pero cuando es tanta, es muerte segura...

Esa es la ambigüedad del agua, vida-muerte, que no por casualidad se designa en hebreo con un término, *mayim,* que tiene una peculiar morfología: es dual. Algunas lenguas, entre ellas el hebreo, tienen, además del singular y el plural, el dual. Se usa para los objetos que presentan duplicidad. Visto que no hablamos de ojos o de tobillos, o de otras cosas que en general son dos, el dual da a esta palabra un cierto color de ambigüedad.

Hay que ser precisos: el agua no es vida-muerte en sentido genérico, sino más bien *lo que da vida-lo que mata*.

Y esta ambigüedad-ambivalencia viene unificada en el tema de la *purificación,* que normalmente implica el uso del agua, y llega hasta el bautismo cristiano, un acto tanto de muerte como de vida. Muerte del pecado, inicio de la vida nueva.

Pero esto es aún más claro si se mira al papel del agua en las etapas sobresalientes de la historia bíblica: en el *diluvio* —evento primordial de muerte por la purificación de la violencia— y sobre todo en el Mar Rojo, en la *liberación pascual*. Los dos hechos son un poco simétricos entre sí: en el diluvio, las aguas, divididas en el segundo día de la creación, se vuelven a reunir, y en efecto hay alguno que habla de un evento de «descreación»; en la Pascua, las aguas se separan, como en el segundo día, y se convierten en la vital puerta de salida de 430 años de opresión; pero inmediatamente después se vuelven a cerrar, reconvirtiéndose en implacable instrumento de muerte.

Podremos entrar en otros textos menos llamativos. Lo que queda es la carga de significado que tiene el agua: o mata o salva. O las dos cosas, como en el Éxodo o en el bautismo.

Por tanto, cuando Dios Padre separa las aguas distinguiendo las aguas superiores (la lluvia, el agua buena) de las aguas inferiores (el agua mala, el mar, el océano) está haciendo distinción entre lo que mata y lo que salva. Esto es un acto de fundación de la realidad.

Volvamos a nuestro viaje. Si en la primera fase de reconstrucción, hay que reconocer lo que ya sabemos, ahora conviene aceptar una gran separación primaria: lo que nos da vida y la sostiene, de lo que nos la quita, lo que mata.

En nuestra vida hay fuentes de renacimiento y fallas de dispersión. Actos destructivos y actos constructivos. Dinámicas vitales y lógicas de muerte. Hay que distinguirlos para poder recomenzar. Imposible volver a empezar navegando en la confusión. Como el agua es ambigua, Dios la separa. Y nosotros tenemos necesidad de empezar a reconocer lo que nos hace daño, y distinguirlo de lo que nos beneficia.

Desconfiar de las imitaciones

Pero surge un peligro: los sucedáneos del discernimiento. Cuando se parte sin luz se piensa poder improvisar el discernimiento. Y cuando se comienza sin disciplina, es frecuente pensar que basta mirar las cosas para saber distinguirlas, y subdividirlas, según la propia impresión, por instinto.

Sin ningún adiestramiento.

Así no funciona.

Al menos se necesita un cero ortogonal. Un parámetro. De otro modo cada valoración no llega muy lejos, es ocasional, hormonal, metereopática. No se puede avanzar así. Y no se puede recomenzar a la ligera.

¿Cómo evitar el imperio de las hormonas?

El segundo día está centrado en un asunto que el lector moderno ignora completamente, por una infravaloración de la visión arcaica del cosmos. Será sabio en cambio tener en cuenta esta cosmología obsoleta que desechamos sin pensar por considerarla inexacta.

Ciertamente es inexacta, pero esto no quiere decir que no sea sabia. En el plano físico objetivo es ridícula, pero en el plano existencial no. Y este texto, hemos dicho, es una sapiencia, una concienciación, no un tratado de astronomía.

El objeto principal que aparece en el segundo día es el *firmamento*. La palabra sale cinco veces en tres versículos, y tiene una función bien precisa.

«Haya un firmamento en medio de las aguas que separe unas aguas de las otras»[7].

Separar unas aguas de las otras es algo que lleva a cabo el firmamento, no el lector del texto. La distinción entre muerte y vida es el fruto de una obra de Dios y se llama así: *firmamento*. ¿Por qué se llama así?

La palabra deriva del latín *firmamentum,* que significa *apoyo, sostén,* y a su vez deriva del latín *firmus,* es decir, *sólido, estable*.

Traduce bastante bien el término hebreo *raqia'* que indica algo duro, firme, estable; en sí es la barrera capaz de separar los dos tipos de agua, como una especie de cúpula. Y repetimos que, desde el punto de vista cosmológico y físico, es algo ridículo, mientras que desde el punto de vista existencial y espiritual es otra historia.

El firmamento, que está en lo alto, y que permite un espacio intermedio y la distinción entre vital y dañoso, es algo duro, estable, más fuerte que las aguas de cualquier tipo, porque las sabe gobernar.

Volvamos un momento al discurso del ADN.

Recordamos que la vida tiene un código, y funciona si se es fiel a ese código. El código representa algo en lo que no se puede hacer un *by pass*. Prueba a hacerlo y verás lo que te sucede. Algunas células mías, hace unos años, han desobedecido al genoma y a la armonía de mi cuerpo. Eran, en efecto, células tumorales.

El asunto al que estamos llegando es de ese tipo que hoy se menciona con cierta cautela, con una

---

[7] Gn 1, 6.

aproximación un tanto artificial, porque en un instante las personas se estremecen y ya no te escuchan. Pero antes o después se comunica la amarga verdad.

> La vida funciona si se obedecen sus reglas.
> Vale. Ya lo he dicho.

Quizá resulta más digerible si preciso que, más que de reglas, se trata de ritmos, pero tanto da. Para esos siete u ocho que siguen leyendo: el firmamento separa las aguas, ningún otro lo hace. La bendita fuente de la lluvia se distingue de los océanos de la muerte por la posición respecto al firmamento. El cual no es obra humana, sino acto creador de Dios Padre.

¿Cómo haremos para aceptar esta sabiduría, nosotros, enamorados de las trasgresiones, de los golpes fuera de ritmo, de las cosas «originales»? Decía el gran Chesterton que la inteligencia moderna no acepta nada que venga de la autoridad[8].

Antes o después, brevemente, nos enfrentamos a este problema: el asunto del orden, el de la vida, el del bien, y también el de la felicidad, tienen que lidiar con el trauma de la autoridad.

Bueno, esto es un don. Esta es la paternidad de Dios. En el fondo, este tema del recomenzar es cotidiano, y es cotidiano tener en cuenta que es Otro quien te aclara qué es vida y qué es muerte. Cuida de ti. Pertenece a la estructura de una vida que, como vimos el primer día de la creación, no nos obedece. Y aquí entramos más en lo específico. Hay una jerar-

---

[8] G. K. Chesterton, *El hombre que sabía demasiado*, cap. 5.

quía en las cosas. Entre lo útil y lo dañoso hay una discrepancia que, si no la adviertes, te comes lo que te envenena. Nos es dictado algo que establece lo alto y lo bajo, y no es verdad que sean iguales.

Porque la vida, de suyo, tiene autoridad. No se puede reconstruir la vida sin aceptar que es ella misma quien pide ser respetada, con un ritmo interno propio que no puede ser inventado, sino que debe ser aceptado.

Alessandro Giuliani[9], científico multiforme y gozosísimo comunicador, al que tengo como estimado amigo, dice que los cristianos son los verdaderos materialistas, porque no dan supremacía a las ideas sino a la realidad. Sacrosanto. La realidad impone su verdad, y no se la puede arrancar con pretensiones de ningún género. La realidad vencerá siempre. Porque es real...

Toda violencia que se haga a las cosas se resolverá en destrucción.

Si un niño no crece con ritmos sanos, lo sufrirá, y quizá para toda la vida. No decide el ritmo de la vida un hipster vegano posmoderno, sino el cuerpecito delicado de ese niño.

No hay nada que hacer: el agua del mar no se puede beber, y si violas esta regla, mueres. Uno puede morir de sed en medio de un mar. Por muy inaceptable que te parezca, es verdad.

---

[9] Copio de Internet: Alessandro Giuliani trabaja en el Istituto Superiore di Sanità donde se ocupa de la modelización matemática y estadística de los sistemas biológicos. Forma parte del doctorado de investigación en Biofísica de la Universidad La Sapienza de Roma y colabora con la Universidad Kelo de Tokio y con la Universidad Rush de Chicago.

Por tanto, la vida, en su majestuoso silencio, exige ser obedecida. Es la autoridad misma del Padre de la vida. No puedes pedirle a la vida que no esté sintonizada con la vida. Si lo haces, empiezas a morir implacablemente. Te lo impone, aunque no lo aceptes.

Y no puedo pedirme a mí mismo no ser yo mismo. Moriré. Me toca obedecer, y no a mis ideas, no a mis exigencias, no a mis pulsiones —parece extraño, pero es así— sino a mi vida, a lo que me hace vivir. Que no es lo que me agrada o lo que he decidido, o lo que pienso o deseo, sino lo que me hace vivir.

Aunque para mí el helado de pistacho tendría que bajar la glucemia, no es así. Tengo pulsiones irrefrenables ante una buena tarta, de chocolate y pera, que merecería un premio, y tengo la capacidad de poder dar un discurso sobre la necesidad del pescado frito, pero mi páncreas se desentenderá completamente de ese asunto.

Y entonces debo decidir si obedezco a mis ganas de comer o al funcionamiento de las islas de Langerhans del páncreas. Vencen ellas, aunque no las entiendo; no me han pedido permiso, pero están ahí, firmamento inamovible que separa lo comestible de lo dañoso en mi dieta, y me imponen una manzana en lugar de lo que realmente me gustaría comer.

No aguanto la autoridad, no entiendo el motivo, pero no hay nada que hacer: si me como esta bendita manzana estoy mejor, maldita sea. Y si quiero estar muy bien, nada de chocolate y nada de pistacho, y para qué hablar de la nata.

Querría organizar una manifestación contra la dictadura del páncreas —que además tiene ese nombre tan antipático— pero tengo miedo del club de locos que se me vendría encima.

Luchar contra la materia nos lleva siempre a una segura derrota. Las cosas tienen su ritmo a precio fijo sin regateos.

Entonces, después de este chasco, interiormente torturados por la mentira de la verdadera dictadura, la de nuestro ego, finalmente capitulamos y encontramos la paz. Y lo hacemos, aceptando que, si estamos en el camino de la reconstrucción, del nuevo inicio, de la vida que vuelve a ser bella, toca preguntarse cómo se llama y qué cara tiene el señor Firmamento.

Algo que está en clave

Pongamos un ejemplo: si uno debe hacer la maleta para salir de viaje, lo hace al tuntún y finalmente entra poca ropa, para cerrarla quizá termine por saltar encima... Si, por el contrario, se hacen las cosas con orden, en la maleta entrarán muchas más cosas. ¿Cuál es el sentido de esta analogía? Que el respeto de la importancia de las cosas crea espacio, exactamente como en el segundo día de la creación. Es una cuestión de jerarquía: una cosa está arriba y otra está abajo. Esto es lo que hace el firmamento, pone lo de arriba y lo de abajo.

Y lo que hacemos al guardar las cosas en una vulgar maleta, debemos hacerlo también, por analogía, con nuestra noble existencia: primero se tienen en cuenta las cosas importantes, y luego, en su orden, las cosas secundarias.

Lo de encima y lo de debajo. Según un sistema «de firmamento»: según una estrategia dictada por puntos firmes.

Como en música: cada músico sabe que no puede empezar a tocar sin haber observado «*en qué clave está la partitura*».

Al comienzo de la partitura se encuentran cuatro indicaciones principales: la *clave,* la *tonalidad,* una fracción que indica el *ritmo,* y por último el *tempo* de la ejecución, es decir, la velocidad con que se ejecuta la composición. Esto, en extrema síntesis. Hay otras indicaciones, pero estas son las principales.

¿Por qué esta digresión?

Porque en este segundo día estamos tras las huellas de algo que está «en clave», y que hay que observar, antes de nada. Si no lo veo o, peor aún, lo confundo, no toco la pieza, la machaco. Y si la *clave* indica el tipo de voz, cada uno tiene su propia tesitura, su forma de ser y no se puede ignorar; el *ritmo* me indica cómo me puedo mover, dónde puedo apoyarme para «batir», o sea los puntos fuertes de mi vida y cómo deben ser respetados y organizados; y por último el *tempo,* la velocidad a la que puedo avanzar teniendo en cuenta mis puntos fuertes, situaciones concretas en el respeto de mi estructura real.

En suma, debo «cantar» mi vida con mi propia voz, con los pies en mi historia, con el ritmo que me conviene y funciona, a la velocidad de la Providencia. Lo que no se puede olvidar es que estas condiciones las impone el autor, no el intérprete…

La vida es muy bella si aceptas sus reglas. La mente vuela cuando no fuerzas la verdad. Tu hijo crece mucho mejor cuando respetas su modo de ser, sus ritmos, y lo sabes guiar a las cosas sanas, beneficiosas.

La vida es una partitura que Dios Padre ha escrito para que gocemos de su belleza. Dice san Pablo:

«*Ya que somos hechura suya, creados en Cristo Jesús, para hacer las obras buenas, que Dios había preparado para que las practicáramos*»[10].

Practicar lo que Dios ha preparado para mí, hacer las cosas hermosas para las que he sido creado.

Incluso Jesús, en su misión, es presentado por los evangelistas como quien ejecuta una partitura; muchas veces aparecen textos de este tipo:

«*Todo esto sucedió para que se cumpliera lo que dijo el Señor por medio del Profeta: "Mirad, la virgen concebirá y dará a luz un hijo, a quien pondrán por nombre Emmanuel", que significa Dios-con-nosotros*»[11].

O bien:

«*Después de esto, como Jesús sabía que todo estaba ya consumado, para que se cumpliera la Escritura, dijo: "Tengo sed"*»[12].

Si siguiésemos todas las citas del Antiguo Testamento que aparecen en los Evangelios, tendríamos el esqueleto de los Evangelios mismos.

---

[10] Ef 2, 10.
[11] Mt 1, 22-23.
[12] Jn 19, 28.

Jesús no se mueve al azar, sigue una partitura bien precisa. Tiene su clave, su tonalidad, su ritmo y su tempo: el plan del Padre, que es el cumplimiento de las promesas que están en la memoria del pueblo de Israel; este plan tiene sus circunstancias, y surge en la plenitud de los tiempos, y todo su ritmo está centrado en una «hora» a la que tiende, la Pascua. Su música cambiará de vez en cuando su velocidad a lo largo de su realización: nace durante un censo, luego pasa treinta años callado, con una sola pausa a los doce años; y luego cambia todo: en tres años incide definitivamente en la historia humana, y por fin en la Pascua abre el camino para ir al Padre. Y todo cambia: en el cielo, con el nombre que está sobre todo nombre, el Señor se sienta a la derecha del Padre, para al final de los tiempos venir a juzgar a vivos y muertos, y su reino no tendrá fin.

Jesús tiene puntos firmes, el plan del Padre, tiene esta «*clave*».

Y también nosotros necesitamos una clave para no tocar al azar en nuestra existencia. Hay puntos firmes, hay un firmamento que separa lo que da vida de lo que mata, y este firmamento es un orden que, si no lo aceptas, conduce al diluvio, y la vida no funciona.

Pero si al firmamento lo dejas trabajar…

ACTITUDES Y DESCARRILAMIENTOS

Estamos hablando de puntos firmes, que están antes de todo lo que hacemos bien o mal. Se llaman *prioridades*. Esa es la palabra mágica del segundo día.

Las prioridades vienen antes, por definición. Una persona que no respeta sus prioridades continúa llenando al azar la maleta de su vida.

Hay que hacer una distinción de importancia capital: las prioridades se oponen a las emergencias. Las prioridades están antes de los hechos, mientras que las emergencias se me vienen encima durante los hechos.

Parto de una definición axiomática: quien descuida sus propias prioridades para quedar enganchado en las emergencias, es un tonto. Quien se deshace de las emergencias para seguir fiel a sus prioridades, es un sabio.

Las emergencias son ansiosas, dictatoriales, desordenantes, aprensivas. Quien decide por miedo se equivoca siempre. Se dice: el ansia es mala consejera. Y es verdad.

Las prioridades son tranquilas, son firmamento, son puntos firmes y límpidos. Vienen antes, son precisamente a priori, y pueden aceptar algunas emergencias, las apropiadas. Pero son las prioridades las que seleccionan las emergencias, ¡no al revés!

Quien vive de emergencias no construye nada. Llega al fin de la jornada, o al fin de la vida, y solo ha sobrevivido. Quien permanece fiel a sus prioridades tiene una identidad, sabe por qué decir o no decir sí y, como en la analogía de la maleta, tiene espacio para las cosas.

Si no estás familiarizado con tus prioridades, eres voluble. ¿Cuándo te ocupas de tu familia? ¿Cuándo acabarás los estudios? ¿Cuándo devolverás el préstamo? ¿Cuándo terminarás un libro? Sin prioridades no se construye una casa.

Edificar —o reedificar— implica un orden de construcción. ¿Podrías decidir hacer la instalación eléctrica antes de tiempo porque el electricista tiene solo disponible esos días? No, gracias. Me busco otro electricista, que la instalación se hará cuando haya que hacerla.

¿Qué hacen los charlatanes que quieren venderte algo? Te meten prisa. Mientras vas por la calle, te agarran para que cambies de actitud, porque es una ocasión de oro, no te la puedes perder. En pleno agosto cómprate la caldera, ¡es un ofertón!

Nunca firmes un contrato con quien te mete prisa: seguro que te quiere engañar. Acabas comprándote algo que no tiene nada que ver con tu vida.

Si no estás con los pies bien puestos en tus prioridades, vives a ratos, de interrupción en interrupción. Si al primer contratiempo que surge te paras, nunca llegarás.

La obediencia a las prioridades se entreteje de actos ordenados que nacen de sanos puntos fuertes, emplean el tiempo justo, implican negaciones, eliminan pérdidas de tiempo y dejan así espacio a lo que realmente vale.

Aclaremos: puedes obviamente observar todo lo que estamos tratando, pero apoyándose en prioridades completamente equivocadas. Cuando luego te estrellas contra la vida y te pones a recoges los trozos, te das cuenta de que, más que prioridades equivocadas, eran emergencias disfrazadas de prioridades. ¿Cómo ha podido suceder esto?

Las emergencias que son bellas, no son por fuerza malas en sí. Incluso, la trampa está precisamente ahí: uno valora si una cosa es buena o mala y decide hacerla. Una estupidez. Dice san Pablo:

«“Todo me es lícito”. Pero no todo conviene. “Todo me es lícito”. Pero no me dejaré dominar por nada»[13].

El problema no consiste en si es o no lícito ayudar a una amiga para que aprenda a usar un electrodoméstico, sino que tengo que dar la cena a tres criaturas, y eso es «lo mío».

El problema no es que esté mal pasar una tarde con esa amiga que está un poco sola, sino ¿cuándo voy a preparar el examen de mañana?

El problema no es si conviene o no pasar el fin de semana en la casa de campo que estamos construyendo, para conseguir acabarla de una vez, sino que tengo dos hijos preadolescentes que dentro de poco ya no me verán más, y debo estar con ellos, y organizar los domingos a medida para ellos: ese es el tiempo de mi paternidad, y la casa en el campo ya la terminaremos más adelante.

Sería estupendo volver a encontrar a los compañeros de colegio de hace veinte años... Pero no. Quizá no necesito renovar el trato con mis conocidos de entonces, sino profundizar mejor en los que tengo cerca ahora, de los que quizá estoy escapando.

Hay personas que se compran un buen libro cada diez días, pero no han leído los que le han recomendado en el acompañamiento espiritual en los últimos dos años.

Todo eso acaba siempre igual: cuando llega la verdadera urgencia, esa que afecta a las auténticas prio-

---

[13] 1 Co 6, 12.

ridades, estás en otra parte haciendo cosas que no te incumben.

Al final de la vida, el Señor no me preguntará si he hecho cosas buenas, sino si he empleado los talentos que me había confiado. Si he cumplido con mi misión.

En verdad, son pocas las cosas que se pueden hacer. Y esas hay que hacerlas cueste lo que cueste. Y es así como uno comienza a reconstruirse. Obedeciendo a esta sabiduría.

Veamos un ejemplo de qué es tener un «cero» ortogonal, tener la vida orientada según el plan del Padre:

> «*Y cuando iba a cumplirse el tiempo de su partida, Jesús decidió firmemente marchar hacia Jerusalén. Y envió por delante a unos mensajeros, que entraron en una aldea de samaritanos para prepararle hospedaje, pero no le acogieron porque llevaba la intención de ir a Jerusalén.*
>
> *Al ver esto, sus discípulos Santiago y Juan le dijeron: "Señor, ¿quieres que digamos que baje fuego del cielo y los consuma?". Pero él se volvió hacia ellos y les reprendió. Y se fueron a otra aldea*»[14].

Un lector asiduo del Evangelio se podría preguntar: ¿para qué sirve esta historia de samaritanos antipáticos? Si no apareciera, no la echaríamos de menos.

Pues no: Jesús toma la firme decisión de ir a Jerusalén porque está en el plan del Padre ser elevado en

---

[14] Lc 9, 51-56.

alto. Y enseguida Lucas cuenta cómo es la actitud de quien acepta la prioridad: lo secundario puede fallar. No se pierde tiempo con polémicas, puntualizaciones, aclaraciones o, peor aún, venganzas con samaritanos. La meta, la prioridad dicta el ritmo. Por lo demás, podemos perder tranquilamente lo que sea.

Tengo cosas más importantes que hacer. Tengo prioridades, y si las cosas no bailan su música, no voy a perder la cabeza.

Y así llegamos a lo más importante.

Muchos en este punto piensan: es verdad, debo decidir mis prioridades.

Error. Aquí está el meollo: las prioridades no se deciden.

Las prioridades se reconocen. Se acogen. Se admiten.

El firmamento lo crea Dios. La clave la pone el autor.

El Señor Jesús es confianza en el Padre, es filiación, y sigue, no inventa, el plan del Padre. No se tira desde el pináculo del Templo para dictar los tiempos a Dios.

Mis prioridades están dentro de mi relación con Dios. No he decidido yo mi tono de voz, mi estructura física y mi predisposición de cualquier índole, o sea, mis características. ¿Barítono? ¿Tenor? Eso es algo que recibo, no decido.

No he establecido yo dónde nacer, en qué circunstancias, pero estas me han diseñado, configurado, y no puedo combatir contra ellas, las debo valorar.

No es verdad que selecciono yo las palancas en que apoyarme: lo que puedo hacer lo recibo, mi metabolismo es como es. Los apoyos se reconocen, no se deciden.

Y acepto la velocidad de mi vida: florezco cuando florezco, llego cuando llego. Espero cuando me toca esperar. Aunque sean treinta años...

Tengo mi propia forma de conseguir hacer felices a los demás. Tengo mis propias capacidades. Puedo envidiar, si soy estúpido, las habilidades de ese hermano mío, pero así solo consigo perder el tiempo.

Las prioridades no se eligen, se admiten. ¡Cuántas personas confunden sus propias prioridades! Porque las eligen, no las aceptan.

Dios crea el firmamento, las aguas no se ordenan por sí mismas. Las prioridades están antes, por antonomasia, pero están ahí antes que yo.

Soy parte de la obra de Dios. *El Señor es uno*[15], en hebreo se dice *Adonai ehad,* que no quiere decir solo «uno» sino también «primero». Viene antes, es obvio su estatus de Creador.

Este es el consejo del segundo día: en la oración, dialogando siempre con Dios, comenzar a preguntarme qué debe ser lo primero de todo. Me lo debe decir Él, porque es mi autor. Poco a poco se abre el camino de las cosas que derivan de las primeras evidencias, pero que ya son más concretas.

Supongo que pueden ser útiles algunos ejemplos de prioridades. Serán por fuerza ejemplos estereotipados, mejor ser trivial que decir lo que solo se puede entender en un caso personal. Si estoy buscando qué

---

[15] Dt 6, 4.

es «lo mío»... los ejemplos serán solo válidos hasta un cierto punto, como la historia de la maleta, que es lo que es.

Las prioridades están implicadas en general en los llamados deberes de estado. De hecho, normalmente son una consecuencia de las primeras evidencias. Son la respuesta a la pregunta: ¿qué es lo mío de verdad?

¿Estás casado? Haz lo que te parezca, pero el matrimonio es tu fundamental prioridad. Y todo lo que se deriva de él. Si uno de mis colaboradores casado empieza a forzar el tiempo que debe dedicar a su matrimonio por ayudarme, debería mandarme a paseo. Evangelizar es *work-in-progress,* el matrimonio es un sacramento. Y hace de firmamento a todo. Tu mujer es tu prioridad. Por encima de todo.

Si eres cristiano y haces muchas cosas, pero dejas la oración, es como pretender ir en coche bajo la lluvia sin limpiaparabrisas. Si la regularidad de tu trato con Dios no es una prioridad, ¿cómo te extrañas de tener problemas con la afectividad?

Jóvenes católicos multifuncionales en el voluntariado y del todo descentrados en su vida afectivo-sexual, con un comportamiento errático en sus relaciones. ¿Hará o no falta ocuparse de ellos?

Vegetarianos sanguinarios

Las prioridades, si están focalizadas, tienden a desvelar las paradojas existenciales.

Curas que no rezan. Padres que no cuidan. Madres que no acogen. Maridos que no cortejan. Hermanos que no hablan. Estudiantes que no estudian. Médicos que no se ponen al día. Mamás que no miman. Ancianos sin sabiduría. Recién casados sin momentos de intimidad.

Es la categoría de los vegetarianos sanguinarios.

Es el arte de la deslocalización. Curas en discoteca. Padres de familia en reunión con los de su colegio. Jóvenes hacia Santiago con la madre recién operada. Maridos que hablan como curas. Curas que hablan como cómplices. Y monjas que hablan como esposas. Párrocos en el gimnasio. Señoras ancianas en el curso de tango. Padres en el futbito la tarde libre del pluriempleo.

Empleados liberados.

Luego uno se para y dice: pero ¿qué estoy haciendo? ¡Esto no es lo mío!

Si Dios te ha dado un puesto en la vida, te ha encargado todo lo que ese puesto implica. Si te ha dado un hijo, no es que seas padre-madre por una parte, y por otra vas decidiendo si te ocuparás o no de ese hijo, y cuánto. Si te ha dado un bebé, se derivan de ahí las prioridades que son por sí mismas el mapa de tu vida. No se puede tener un pequeñín y no haberle cambiado nunca los pañales. ¿No te va? La vida es así: no pasa según tus gustos, sino según ella misma, y si quieres vivirla, crece, y aprende a amar.

Cuando me convertí en párroco debí aceptar un cambio radical en mis prioridades. Y muchas cosas, en un instante, si las hubiera hecho serían en mi vida como criar un cerdo en Teherán. Fuera de lugar.

Es muy útil comenzar la lista de las prioridades que derivan de aceptar la realidad. Es precisamente una de las cosas más eficaces, da mucha luz. Concretamente, ¿cómo se hace una lista de prioridades? Considerando que no se trata de un minuto de reflexión y ya está, si nos fiamos del consejo del primer día y ya hemos puesto ahí las primeras evidencias, que, recordémoslo, no son más que cuatro o cinco, ahora podemos intentar hacer una lista de prioridades.

También en este caso es útil escribirlas. En general son enunciados lapidarios, del tipo de los siguientes ejemplos desorganizados:

> La única autorización que te sirve es la de Dios Padre.
>
> Rezar antes de hacer cosas, si no tendrás que pedir perdón...
>
> Dormir: el sueño no es moneda de cambio.
>
> Mi mujer y mis hijos son lo único que cuenta.
>
> Acabar los estudios y al diablo todo lo demás.
>
> No darle más vueltas, basta de dispersiones.
>
> No hay sitio en nuestra pareja para mis padres y sus fijaciones.
>
> Vaciar el saco y no reconcomerme.
>
> No hacer las cosas que no me convencen.
>
> No es siempre necesario tener contentos a los demás.

Cada una de esas frases está ligada al menos a una historia concreta de personas que, empezando por respetar una de esas frases, han recomenzado a vivir. En realidad, serían partes inconexas de una lista que, si la hiciese una única persona, estaría organizada.

Si hago esa lista, sería luego prudente llevarla siempre conmigo. Y es un *work-in-progress*. Hace bien desde el principio, pero si uno tiene encendida la luz y continúa «limando» la lista, en general después de un par de años, se compara y queda muy centrada. ¿Sorprende?

Entiéndase bien: este tipo de cosas no se hacen una sola vez. Se hacen y al día siguiente, con otro calor interior, se revisan. Y también al día siguiente. Y día tras día se vuelven más lúcidas.

Es un acto de apertura a la paternidad de Dios. Con nuestra capacidad y con la ayuda que el Espíritu Santo nos otorga, hemos de mirar, recordar, retener nuestra vida, y aceptar lo que tenemos «en clave», lo que Dios ha puesto como lo «nuestro».

Esto, como todo lo que se describe en este libro, es solo el inicio de un camino que, por fuerza, durará años. Se necesita mucho tiempo para simplificarse en las propias prioridades, para dejar hablar a nuestro firmamento, repensándolo muchas veces, y muchas veces esperando las ayudas de la Providencia. Que subdivida. Que sea el parámetro en nuestras decisiones.

¿Cómo se usan las prioridades? Muy sencillo: teniéndolas claras antes de actuar, en la vida ordinaria. Si solo las consideras después, para no repetir quizá un error, es demasiado poco. Aquí no solo se trata —obviamente— de evitar equivocarse, sino de recomenzar a «funcionar». En el arte de recomenzar, que es dejarse salvar por la creación del firmamento, existen dos modos de usar las prioridades, uno menor y otro mayor: el uso a posteriori de las prioridades, a medida que se van iluminando por la gracia de Dios, ayuda a mirar las equivocaciones pasadas y a no repetirlas. Pero el uso anterior es el auténtico, pues coloca los pies del nuevo inicio en el sitio preciso: se pone el firmamento arriba, para distinguir lo que está arriba de lo que está abajo. Antes, no después. Están a priori, precisamente.

¡Cuántos sufrimientos evita la obediencia al segundo día!

Un ejemplo obvio para aclarar lo que va dicho: dos jóvenes están viviendo el noviazgo y quieren decidir si deben casarse, si están caminando por el camino justo, o tal vez no.

Resulta inútil imponer expectativas o teorías a su noviazgo, porque eso tiene ya sus leyes. Cuando hacemos el curso de preparación remota al matrimonio empleamos ya algo de tiempo en identificar cuál es la prioridad a la hora de discernir acerca del matrimonio.

O sea: ¿cuál es uno de los carismas del noviazgo? Al tomar las cosas como son realmente, la respuesta que resulta sorprende a algunos: la verdad.

El noviazgo es el tiempo de la verdad: ¡fuera todo! Si algo no te gusta, ¡dilo! Si pretendes una cosa, ¡comunícala! El otro te dirá: «¡Eres más tonta que tonta!». Y os dejáis. ¡Óptimo! Para esto es el noviazgo, para dejarse, si os debéis dejar. Lo digo mil veces: un buen noviazgo no es el que termina con el matrimonio, sino con la verdad. Si os tenéis que casar, adelante; si no os tenéis que casar, ¡es mejor descubrirlo cuanto antes!

De vez en cuando se me presentan parejitas para preguntarme si les hago de padre espiritual en su noviazgo. ¡Por encima de mi cadáver! Si no tenéis una fuerza interior para desenredar los problemas que se os echan encima, si no encontráis vosotros el camino para salir de una discusión, ¿qué me queréis pedir? ¿Estar ahí haciendo de gestor de vuestra inmadurez? ¿Y si después os casáis, qué hacemos, voy a vivir con vosotros para haceros llegar enteros al fin del día? Vamos... Si no tenéis el don de resolver juntos las dificultades, no tenéis el carisma del matrimonio. Dios os libre de meteros fuera de vuestro sitio. Puedo solo aceptar daros una *charleta* de fondo, una sola vez, para daros unos consejos, pero lo dejamos ahí.

¿La prioridad del noviazgo? La sinceridad. No casarse a la fuerza, sino obedecer a la realidad. Muchos sufren bastante a causa de fijaciones sobre prioridades irreales, no practicables, ajenas a la realidad. Repitámoslo: quien selecciona las prioridades sobre la base de sus propios miedos, se arruina la vida. Quien acoge las prioridades reales y discrimina sobre esa base las emergencias, hace algo sólido, que queda en pie.

¿Lo que debes decir está condicionado por el miedo, o hablas sinceramente de todos modos, a pesar del miedo?

Recordemos: las prioridades ponen en orden mi vida de modo que hacen aparecer más espacio. Si no sucede así, se ve que esas prioridades no son verdaderas. Son prioridades aparentes.

Las personas que no desatienden sus prioridades llegan también a las cosas secundarias; los que parten de lo secundario, en general, hacen mal las secundarias, y las primarias tampoco las hacen.

Quien en cambio se acostumbra a obedecer a la realidad, que es la obediencia a las auténticas prioridades, se encuentra con que las cosas «funcionan», y se puede respirar...

Para concluir: consideremos cuántas de nuestras emergencias han sido sonoramente ignoradas por el Señor Jesús. Cuántas cosas imprescindibles para nosotros han sido alegremente dejadas al margen por Quien nos ha mostrado cuál es la vida auténtica.

A todos los que se han arruinado la vida se les puede decir con certeza que han confundido las prioridades. Era una urgencia falsa que te ha utilizado como conductor. Y te has perdido. Todos podemos contar una historia semejante. A todos nos ha pasado.

La prioridad de quien da en el blanco, de quien llega al cielo es, precisamente, el cielo. El Padre.

DÍA TERCERO

El don de los límites

No es verdad que me detengo cuando quiero.

«Dijo Dios:

"Que se reúnan las aguas de debajo del cielo en un solo lugar,

y aparezca lo seco". Y así fue.

Llamó Dios a lo seco tierra, y a la reunión de las aguas la llamó

mares. Y vio Dios que era bueno.

Dijo Dios: "Produzca la tierra hierba verde, plantas con semilla,

y árboles frutales sobre la tierra que den fruto según su especie,

con semilla dentro".

Y así fue.

La tierra produjo hierba verde, plantas con semilla según su especie, y árboles que dan fruto con semilla, según su especie.

Y vio Dios que era bueno.

Hubo tarde y hubo mañana: día tercero»[1].

---

[1] Gn 1, 9-13.

Recapitulemos los primeros pasos de la creación que esconden la estrategia de Dios para hacer surgir la vida: primero hace brillar la luz de las primeras evidencias, y luego da los parámetros de fondo de las prioridades. Pero estamos aún en lo genérico, y la narración misma no se puede dejar simplemente en agua contra agua con un espacio en medio obrado por el firmamento.

Se quiere un territorio. Se quiere un lugar para acampar. Del espacio genérico a los espacios específicos. Una vez que empiezo a identificar las prioridades hay muchas cosas que se aclaran. Pero tendremos que ganarle al mar un sitio donde vivir. Dios me quiere regalar una tierra para vivir. Veamos:

> *«Que se reúnan las aguas de debajo del cielo en un solo lugar,*
> *y aparezca lo seco».*

Bajo el firmamento el mal no puede corretear libremente, debe estar recogido en un solo lugar, y que aparezca otro donde el mal no entra. Se quiere una zona fuera del alcance de la muerte. Un lugar donde sea posible la vida.

Aquí aparecen los *márgenes,* los *límites,* los *confines*. Las prioridades, en efecto, sirven para iniciar, para identificar las demarcaciones.

Nos habíamos quedado con el ejemplo de los dos novios. Una vez aceptado que un aspecto fundamental del noviazgo es la verdad, de esta prioridad derivan en cascada una cantidad de «síes» y de «noes», que son la actuación de esa prioridad. Y por lo demás son especulares.

En efecto, los «síes», las afirmaciones, no tienen sustancia sin un cordón sanitario de «noes» que le hagan de escolta.

Y también es cierto lo contrario: las negaciones, los «noes», sin las afirmaciones no sirven para nada, son solo castraciones.

Hay algo que no cuadra cuando un hombre dice sí a una mujer, pero no solo a ella... Es un tanto dramático cuando se fija una cita a alguien y al mismo tiempo a la misma hora se cita a otras dos personas.

No es solo desorden, es esquizofrenia. Hay aquí un problema bien preciso: si no delimito no tengo una identidad, no soy una persona, soy una encrucijada estresante.

Aparte de categorías morales, el hombre necesita confines, como una condición para vivir; si estos faltan no se va adelante, no se puede vivir sin una zona que identifique mi espacio; yo mismo no sé dónde estoy. Los márgenes son consecuencias naturales de las prioridades.

Uno, ninguno y cien mil

Sin límites no se acampa. Pero no solo eso. Sin límites no tenemos identidad. Si alguien me pide dibujar Italia, yo dibujaré sus límites, y la cosa es un poco curiosa, porque propiamente no dibujo Italia, sino dónde termina Italia. Dónde ya no es Italia. Y eso, sin embargo, es Italia...

En algún lado debe terminar, no puede haber ausencia de límites. Sin confines no soy quien soy.

Y entramos así en un tema crucial: podríamos decir que en nuestra existencia —prácticamente en cualquier ámbito— la relación con el límite es decisiva.

Aceptar o rechazar el límite orienta dramáticamente nuestra actividad, nuestra inteligencia, nuestros sentimientos. El rechazo de un límite es causa de desastre. Toda la infelicidad humana puede leerse en el tercer capítulo del libro del Génesis precisamente en esta clave.

El asunto de Adán y Eva y el del árbol prohibido es el tema del *rechazo del límite*. Es el tema del «no». Eso que se hace presente en el famoso árbol de conocimiento del bien y del mal está, en general, completamente malinterpretado por la sensibilidad común. Por un lado, se termina por pensar que Dios prohíbe que comprendamos la diferencia entre el bien y el mal, como si quisiera mantener al hombre en un estado de minoría de edad e ingenuidad; por otro, se lee la prohibición como una tiránica arbitrariedad, una despótica castración por parte de Dios al hombre. Obviamente estas lecturas son empalagosamente banales y espiritualmente vacías.

También la simple inteligencia debería decir que el texto del tercer capítulo del Génesis[2] no puede ser tan estúpido, y que la descripción de un dios déspota que prohíbe un alimento interesante y luego se enfada como un neurasténico y castiga por venganza —ante una mujer ingenua a la que hablan las serpientes— es inaceptable para cualquier sensibilidad. ¿O se piensa que la gente de hace dos o tres mil años era tan estúpi-

---

[2] Gn 3, 1-19.

da como para tragarse cosas sin sustancia? Vamos... El texto es de una profundidad abismal, y de una validez perenne. El vacío espiritual, en cambio, tiende al victimismo, y tendencialmente pone como monstruos por turno al hombre o a Dios. O a los dos.

No podemos ver aquí sino algún elemento para iluminar el tema del límite, precisamente, pero en este texto hay mucho de genialidad... Pero, qué digo: hay mucho más que cualquier deducción humana, ¡es Revelación! Este texto es un regalo.

Veamos.

¿Qué es este árbol del conocimiento del bien y del mal? Aparece ya en el segundo capítulo del Génesis:

> *«El Señor Dios plantó un jardín en Edén, al oriente, y puso allí al hombre que había formado. El Señor Dios hizo brotar del suelo toda clase de árboles agradables a la vista y buenos para comer; y, además, en medio del jardín, el árbol de la vida y el árbol de la ciencia del bien y del mal»*[3].

Dios crea al hombre y lo pone en un sitio florido, generoso, en el que hay muchos árboles, todos hermosos y buenos, y entre ellos el texto nos destaca dos: uno es el árbol del *vivir*, accesible, disponible, y el otro es *etz ha-da'at tov w-ra', el árbol del comprender bien-y-mal*. Traduzco con el verbo comprender porque en el conocimiento está presente el acto de poseer dentro de los límites del intelecto; eso que en efecto se «capta» o «comprende» reenvía al captar,

---

[3] Gn 2, 8-9.

al contener dentro la propia «capacidad». Lo que entiendo, lo que comprendo, por definición debe ser más pequeño que el recipiente, mi inteligencia. De hecho, usamos expresiones interesantes como: *¿atrapas la idea que estoy diciendo?* O incluso: *no llego a dominar este concepto*.

¿Y qué es este *tov w-ra [bien-y-mal]*? Es una figura retórica, es decir, una estructura típica del lenguaje, que se llama *metonimia, la parte por el todo. Citar una porción de una realidad para representarla por entero*. Aquí se indican los dos extremos, el bien y el mal, para entender el todo. Y recordemos que en hebreo como en griego, «bien» quiere decir bello, bueno, justo, bien hecho, sin diferenciación entre estética y ética; lo mismo que «mal» quiere decir feo, malvado, injusto, mal hecho.

Entender el bien y el mal quiere decir *entenderlo todo*. Y cuando un hombre intenta *entenderlo todo* está volando en el delirio de omnipotencia intelectual. O sea, en el delirio hegeliano, marxista, ideológico. Todo pasa por el agujero de mi inteligencia. Yo lo entiendo todo. El delirio positivista del pensamiento cientista como omnicomprensivo.

De hecho, el texto dice más adelante:

> «*El Señor Dios impuso al hombre este mandamiento: De todos los árboles del jardín podrás comer; pero del árbol del conocimiento del bien y del mal no comerás, porque el día que comas de él, morirás*»[4].

---

[4] Gn 2, 16-17.

Aceptar la pretensión de entenderlo todo quiere decir ciertamente autodestruirse. Enfocar la vida como algo que debe entrar en mi lógica —como hemos visto en el primer día, en el tema del caos— equivale a comenzar a vivir mal, en contra de los hechos y rechazando lo incomprensible.

¿Qué hace en este punto el pensamiento de la serpiente —saltamos, por desgracia, por encima de tantos otros asuntos— cuando dialoga con Eva? ¿Qué propone?

> «*La serpiente dijo a la mujer: "No moriréis en modo alguno; es que Dios sabe que el día que comáis de él se os abrirán los ojos y seréis como Dios, conocedores del bien y del mal"*»[5].

Dice: rompe este límite, porque se te impone con el único objetivo de dejarte en la ignorancia. Desecha tu posición como criatura para ponerte al mismo nivel de Dios, ser como Él, y poder entenderlo todo. Mira que intentar entenderlo todo no es peligroso y estás en tu derecho... ¡Niégate a ser una criatura! ¡Rechaza tu límite!

¡Trasgrede la prohibición! *No limits!* ¡No te dejes castrar!

Y todo está ahí: el mandato de Dios ¿es limitación o custodia? ¿El límite es tiránico o paterno?

En el mito de Prometeo lo que es más falso no es tanto Prometeo cuanto los dioses de Prometeo. Esa divinidad antagonista, esos seres divinos enemigos

---

[5] Gn 3, 4-5.

imaginarios del hombre, no existen. Existe más bien el delirio de la omnipotencia. Que se llama también rechazo del límite.

Pero esa no es la cuestión principal, sino más bien esta: ¿el límite es verdadero o falso? ¿Es verdad que tenemos límites, o no? ¿Es realmente verdad que no podemos hacerlo todo? ¿Es verdad que no podemos entenderlo todo, o no?

En la vida se da el «no». Y quien lo ignora se autodestruye.

Cría a un niño endulzándole todos los «no», evitando todos los posibles tropiezos con los límites, condescendiendo con todos sus caprichos. Y criarás a un infeliz.

Si el debido equilibrio entre concesiones y negaciones se rompe, en la dirección exclusiva de las concesiones, la vida se convierte en una mentira completa.

Y lo más dramático es que, si rechazamos los límites, rechazamos las relaciones. El otro es solo el asfalto sobre el que camino libremente, porque no puedo ser detenido, delimitado.

Por el contrario, mi límite es el otro. Sin márgenes no se puede amar. Cásate con una mujer que rechace ser limitada: solo hará un hijo para sí misma, para autoafirmarse.

Guste o no guste, los límites son verdaderos. Existen. El actual mito del hombre que se libera de cualquier limitación es solo la amplificación de un problema de la adolescencia. ¡Qué mediocridad!

Sin márgenes me evaporo en un estado gaseoso, no sé quién soy, no percibo la belleza del otro si no es para competir, porque el tema del rechazo del límite es el tema de una ilimitada angustia. La de no ser nadie.

La pareja de uno de mis colaboradores ha tenido dos hijos en medio de grandes dificultades: tanto la primera hija como el segundo salieron del seno materno antes de tiempo. Meses y meses de incubadora. El personal sanitario les pidió que buscasen un *vermone*, esa especie de rollo muy apretado que se pone en las ventanas para evitar las corrientes de aire. ¿Y para qué? Para ponerlo dentro de la incubadora, todo alrededor. Así la criatura, tan pequeñita, estaría siempre apoyada en el borde de la incubadora, y sería mejor que encontrase algo blando contra lo que tropezar. Porque, les dijeron, buscará un contacto... y lo encontrará siempre en el borde. Y así era. Buscaba a alguien.

El límite no es un gravamen. Es el otro. Es el final de la soledad.

El árbol del conocimiento del bien y del mal era el árbol de la relación paterna. Era el árbol de la confianza, que va más allá del delirio de la información total. En un cierto momento me debo fiar de alguien, debo dejar espacio a alguien.

En efecto, todo acto de no-amor, que en cristiano se llama pecado, es el rechazo de un límite. En la pretensión engañosa de no tener márgenes, me encuentro en la situación de rechazar todo lo que me limita, y eso es precisamente lo que debo aceptar si quiero amar, aceptar al otro tal como es, con sus defectos.

Y, al mismo tiempo, los límites tienen mucho que enseñarnos. ¡Cuánto he aprendido de mis pobrezas! ¡Cuántas cosas importantes me han enseñado las limitaciones de mi cuerpo y de mi insoportable carácter! ¡Cuántas veces he debido bendecir a Dios por lo torpe que soy! Si he tenido amigos y hermanos, solo ha sido por mis límites. De otro modo, individualista como tiendo a ser, ¿cómo me hubiese abierto al amor, al servicio? ¿Cómo hubiese conocido la misericordia? Y solo Dios sabe cuánto debo avanzar aún...

Las limitaciones pueden ser personales, relacionales, físicas, psíquicas, económicas, temporales... y tantos otros tipos.

Si cada limitación se convierte en un trauma, la vida será un trauma...

Las relaciones humanas pueden ser un cielo o un infierno, depende de la relación con los límites, si acepto o no mi condición. La condición es una dicción, un decir, con cualquier otro; de hecho, la condición implica una convención, una necesidad de alcanzar un pacto.

Aprovechar los límites

Existe otra relación con los límites.

Veamos cómo considera los límites de la vida humana el Señor Jesús. Solo un ejemplo, porque la cuestión es inabarcable.

El tema de los límites en el cuerpo, en la inteligencia y en el control de sí, se encuentra en un texto que merecería mayor espacio por nuestra parte: la narración de las tentaciones en el desierto, verdadera manifestación de la nueva vida.

Nos centramos simplemente en la propuesta y la respuesta, en la lucha entre el maligno y el Señor Jesús.

En el texto de Mateo se comienza por el cuerpo. Las necesidades físicas. Y se trata lo que los Padres llamaban el principio de las pasiones, la gula.

«Después de haber ayunado cuarenta días con cuarenta noches, sintió hambre»[6].

En la situación límite, después de un ayuno espantoso, imagen de un gran estado de privación, desaparecen los márgenes del ser y nos enfrentamos a una necesidad primaria, el hambre. Y no hay alimento, estamos en el desierto.

«Y acercándose el tentador le dijo: "Si eres Hijo de Dios, di que estas piedras se conviertan en panes"»[7].

Mi hambre se convierte en lo absoluto, tanto que una piedra no puede seguir siendo eso, debe convertirse en una hogaza; si Dios verdaderamente me quiere, cambia la situación y la hace saciarme. Y si tengo una historia de abandono, mis relaciones deben recompensarme; si tengo un marido, debe ser una remuneración en función de mis necesidades. Y los hijos son un derecho, por eso debo tenerlos si quiero, o es mi derecho suprimirlos si no los quiero. Me comporto en función de mi estado de mayor o menor saciedad/ exasperación. Todo debe convertirse en pan, todo debe satisfacerme. Una interpretación de la existen-

[6] Mt 4, 2.
[7] Mt 4, 3.

cia donde mis apetitos se convierten en ley. Hijos déspotas frente a padres incapaces de frenarlos: como nunca se han frenado ni siquiera a sí mismos, no conocen la gramática del gobierno de sí, y no digamos la de la educación de otro.

¡Qué pena!

Cuánta tristeza produce ver a algunos adultos, como marineros de una barcaza a la deriva de sus propios apetitos. Destinados a una implosión y a una insatisfacción siempre creciente. Con un imperativo de mentira, demoníaco, que les va gritando: todo debe convertirse en comestible, saciante. La violación de la realidad de las cosas. Y así, todo resulta frustrante, porque las cosas no son en función de nuestra necesidad, son como son. Son piedras por algún motivo.

El Señor Jesús, invitado a manipular su condición, no acepta el engaño:

> «*Él respondió: "Escrito está: No solo de pan vivirá el hombre, sino de toda palabra que procede de la boca de Dios"*»[8].

Entendamos bien: Jesús no opone el ayuno al absoluto del apetito, sino un alimento mejor. No «*solo*» pan, sino mucho más: Dios Padre, que habla conmigo, es mucho más que un alimento ocasional. Esto da sabor a todo. De esto vive verdaderamente el hombre. El hombre que san Pablo llama «*hombre viejo*» es en realidad un inmaduro y un miope, hay un alimento

---

[8] Mt 4, 4.

distinto. El hombre nuevo, que nace del Padre no tiene «*solo*» apetitos, tiene mucho más: tiene relaciones.

Supongo que quedará más claro con un mínimo de ejemplos: el gusto por el cotilleo sobre lo que han hecho los demás, el intrigante gusto de la curiosidad sobre las cosas se vuelve insípido frente a una relación sincera, límpida, donde me muerdo la lengua antes que hablar a tus espaldas o decir algo que pueda herirte, porque entre tú y yo hay algo valioso, precioso. Veamos quién come mejor: quien ha hablado a tus espaldas o quien te ha buscado, para decirte algo acerca de ti que le preocupaba. Mira bien quién está más satisfecho de los dos. Quién «*vive*» realmente, de los dos.

Amar implica que las relaciones sean más relevantes que los apetitos. Y mil veces, si amo, debo desatender una necesidad mía. He percibido el amor en quien ha dormido en el suelo un mes, pidiendo por mí para que me recuperase. Sucedió verdaderamente. Eso es así, un amor fraterno de esta clase te impacta, mostrándote una vez más que Dios sabe poner en el corazón de los hombres el amor. Manifiesta que hay vida. Quien hace eso *tiene* vida, porque la puede dar. Quien no puede dar es porque *no tiene*.

En el texto de Mateo pasamos a otro límite, el de los hechos que no me obedecen, de las cosas que no van como yo quiero.

> «*Luego, el diablo lo llevó a la Ciudad Santa y lo puso sobre el pináculo del Templo.*
>
> *Y le dijo: "Si eres Hijo de Dios, arrójate abajo. Pues escrito está:*

Dará órdenes a sus ángeles sobre ti, para que te lleven en sus manos, no sea que tropiece tu pie contra alguna piedra"»[9].

La tentación de forzar las cosas es una tentación especialmente religiosa, en las cosas santas; tratar de que Dios cambie de ruta. Aquí reside toda la estupidez de la magia, de la cartomancia, de los horóscopos y todo un mundo para tontos engañados por desaprensivos.

Pero más aún es intentar llevar las riendas de los acontecimientos. Y con la Biblia en la mano, utilizar cualquier argumento para pretender que suceda lo que nos parece justo. El límite que se transgrede es el de la ingobernabilidad de lo real, y de una Providencia a la que no se pueden dictar los tiempos. Es de notar el hecho de que esta operación pone en riesgo la propia integridad física, arrojarse al vacío; todo por «*forzar*» la realidad. Estas son las *grandes ideas*, los estupendos descubrimientos que confunden a las personas y que tienen su origen en el rechazo del presente, de lo real. No aceptar la precariedad y lo imprevisible de las curvas de la vida, pretendiendo forzarlas para que sean rectas.

El Señor Jesús, a esta antropología del despotismo de los propios proyectos, contrapone:

«*Y le respondió Jesús: "Escrito está también: No tentarás al Señor tu Dios"*»[10].

---

[9] Mt 4, 6.
[10] Mt 4, 7.

No soy yo quien sostiene al Padre, es Él quien me da la vida, y es Él quien marca el ritmo. Acepto mi límite de hijo, de hombre. El Padre sabe lo que hace.

Qué hermoso encontrarse con un cristiano que se abandona, que no fuerza la realidad, que es capaz de esperar los tiempos de los designios de Dios. Y cuánto pesa encontrarse con un falso cristiano, que te cita las Escrituras para agredir, para *«intervenir»*, porque *«es necesario hacer algo»*.

La parábola de la cizaña en el campo es papel mojado para mi sensibilidad cuando quiero «ajustar» las cosas con mi perfeccionismo, cuando quiero ponerlo todo en su sitio, y no acepto que se me recuerde mi límite: Dios sabe lo que hace y la realidad no va a mi paso. Por fortuna.

Mi primer padre espiritual, ya citado anteriormente, me repetía un proverbio popular de los Abruzzos: *«¡Siempre te agradeceré, Señor Dios, que las cosas no vayan a mi modo!»*. Cuántas veces el recuerdo de este proverbio me ha apartado de mi eficientismo...

Jesús se fía del Padre. Ese es el proyecto. Venga tu Reino. Manda tú, me fío. Acepto mi puesto de hijo.

De aquí viene el límite del dominio incompleto y del poder limitado. No lo puedo hacer todo, y no tengo todo lo que me serviría. Soy precario por constitución y tengo una vida frágil, aunque simule que tengo el control.

Sobrevivir al límite de la precariedad, buscar exorcisarlo negándolo. Entonces el mentiroso propone una excursión a la montaña:

> *«De nuevo lo llevó el diablo a un monte muy alto y le mostró todos los reinos del mundo y su*

gloria, y le dijo: "Todas estas cosas te daré si postrándote me adoras"»[11].

El diablo enseña a usar la altura para mirar desde arriba, como una posición de poder, e invita a mirar según ese parámetro, que es una relación simple con los objetos: la posesión, donde se mide la piel de las cosas, su apariencia. Y las cosas parecen grandes, fantásticas, la gloria parece enorme; pero es un globo inflado, llega un alfilerazo como una cruz y todo se vuelve vacío.

Lo interesante es el precio del intercambio. Nada, un negociazo: te debes someter al mal. Todo poder terreno implica compromisos. Y la posesión implica sumisión. Quien posee algo queda sometido a eso. El poder se adueña de quien lo tiene, no lo contrario. Solo quien da, posee, porque domina las cosas. Quien no se atreve a dar algo, es porque está poseído por eso. Depende de eso.

El límite rechazado, repitámoslo, es la vulnerabilidad, la precariedad. La pobreza.

Se puede apreciar el estado de dependencia de las cosas por medio de una medida infalible: la ansiedad. Quien está ansioso por cualquier cosa depende de esa cosa.

Pero se puede superar eso de un modo mucho mejor:

«Entonces le respondió Jesús: "Apártate, Satanás, pues escrito está:

---

[11] Mt 4, 8-9.

Al Señor tu Dios adorarás y solamente a Él darás culto"»[12].

Veamos aún mejor cuál es la mentira: el engaño no es que yo dependa de algo, porque esto, pensándolo bien, es verdad. Yo recibo la vida, por fuerza, de una fuente, es mi condición. La pretensión de la autonomía es simplemente estúpida, la vida es siempre algo que se recibe. El problema está en *de quién tomo la vida*. Si la asumo de las cosas que no la tienen...

Solo el Creador, solo el Padre celestial merece mi intimidad —en griego, adorar, *proskyneo,* quiere decir literalmente *acercar a la boca, besar*—. Obedecer, se obedece solo a Dios, y a ningún otro. Nunca absolutamente inclinarse ante otro. Obedezco a la Iglesia porque obedezco a Dios, no lo contrario.

La vida que puede superar la propia impotencia nos la entrega el Padre, es la vida de Cristo. Es un don, no una capacidad mía. Entre nosotros y esa vida hermosa no hay más que un puente, un solo Señor, Jesucristo que da su Espíritu para que seamos hijos.

Si lo pensamos, los límites para Jesús son ocasiones de relación con el Padre. Son su ocasión de mostrarse como hijo. El hambre es para pedirle a Él el pan cotidiano, para experimentar su providencia; lo que no comprendemos es el momento del abandono; la pobreza es el lugar para desobedecer a la ansiedad y pasar a la confianza.

Jesús no huye de los límites, los utiliza.

---

[12] Mt 4, 10.

¿Qué consejo sugeriremos para este tercer día? Para recibir el don de recomenzar, es útil retener que los márgenes son de dos tipos. De los segundos hablaremos más adelante.

Los primeros son las limitaciones que tenemos. Estos son aceptados, y con la ayuda de Dios, valorados.

Me pongo delante de un crucifijo y veo que es un hombre clavado. ¿Quién más impotente que un hombre crucificado? Manos y pies clavados y horrorosamente heridos. Un crucifijo parece inútil. Pero eso ha cambiado la historia. Este hombre impotente ha realizado el acto más incisivo de toda la aventura humana. No hay en toda la historia un hombre más conocido. Esas manos clavadas nos han rescatado, esos pies destrozados han inaugurado el camino del cielo.

¿Y si nuestros límites fueran eso mismo? ¿Y si los «noes» que la vida nos trae fuesen algo de lo que no debemos escapar?

En el fondo, detrás de todo pecado, se decía, detrás de tono desamor, está el odio a nuestras limitaciones, hacia nuestra pobreza, que no es otra cosa que odio hacia nosotros mismos. En el «*seréis como Dios*» de la serpiente, implícito, satánico, está el «*ya no seréis esa cosa enferma que sois*». Escapar de los propios límites es escapar de nuestra humillante pobreza. Escapar de nosotros mismos.

Aceptar —una vez más— lo que somos, esos amargos «noes» que la vida nos dice, es hacer las paces con uno mismo. Pero no sabemos hacerlo. Por eso, si uno quiere intentarlo, aconsejo hacerlo ante un crucifijo. O ante una reproducción de la Sábana Santa.

Y antes, invocar al Espíritu Santo, porque lo que se va a hacer no es posible alcanzarlo con las propias fuerzas, lo he recordado mil veces. Y luego, con los ojos cerrados, abrir la memoria a todo lo que nos ha limitado, lo que en el pasado y en el presente nos ha dicho y nos sigue diciendo «no puedes». Todos los límites que nos vengan a la mente. Las impotencias, los límites físicos, interiores, históricos, materiales, afectivos.

Y luego abrir los ojos. Y mirar todos esos límites en Jesús. Y contemplar su aspecto. Y decirle: «Amén». Este soy yo, estas son mis fragilidades. Amén. Tu sabes los porqués de estos «noes». En esto me parezco a ti, mucho más que en mis cualidades de pacotilla. En mis pobrezas estoy cerca de ti. Amén.

Decía el inmenso Bernanos:

> «*Odiarse es más fácil de lo que se cree. La gracia consiste en olvidarse. Pero si estuviese ya muerto en nosotros todo orgullo, la gracia de las gracias sería amarse humildemente a sí mismo, del mismo modo que a cualquier otra parte del cuerpo sufriente de Jesucristo*»[13].

Hace treinta años que leí este pasaje de Bernanos. Hace treinta años que camino tropezando, para aprender del Señor Jesús a reconocerme y amarme humildemente como una parte de su cuerpo. He descubierto que me hacía falta un tumor, y tantos pobres errores, para comenzar a hacerlo un poco. Y amarlo un poco a Él en los hermanos. Yo, poltrón como soy que, habiendo conocido el amor del Padre, debo cargar siempre conmigo. Siempre pobre. Siempre.

---

[13] G. Bernanos. *Diario de un cura rural*.

Aceptar los límites. Para recomenzar. Son camino bendito de la gracia. En las limitaciones puedo ser hijo.

PODAR PARA DAR MÁS FRUTO

Ahora viene otra parte. No hay solo límites que aceptar. Aquí aparece el primer paso positivo, activo, en el proceso de reconstrucción.

Hay también límites que debemos poner nosotros. Hay algunos «noes» que nadie, ni siquiera Dios, puede decir en nuestro lugar.

Pero, para ver cómo poner los diques al mar, debemos considerar la segunda parte luminosa de este tercer día, que ha transcurrido hasta ahora solo aparentemente.

> *«Dijo Dios: "Produzca la tierra hierba verde, plantas con semilla, y árboles frutales sobre la tierra que den fruto según su especie, con semilla dentro". Y así fue. La tierra produjo hierba verde, plantas con semilla según su especie, y árboles que dan fruto con semilla, según su especie. Y vio Dios que era bueno. Hubo tarde y hubo mañana: día tercero»*[14].

¡Ese es el objetivo de los diques! ¡Qué bello todo este germinar, florido, abundante, exuberante! La tierra, finalmente aparecida, florece.

---

[14] Gn 1, 11-13.

Cuánta potencialidad hay en las personas. Cuánta tierra buena que puede aparecer solo si se comienza a dar espacio a la dimensión fecunda. A veces miro el aspecto de los jóvenes que indignamente me confía la Providencia, y veo tanta buena tierra sumergida, una desmesurada potencialidad. Cuánto fruto, cada uno según su especie.

Cada uno es una sorpresa, y será semilla de otro. Cada persona tiene su capacidad de florecer. Cada persona es un recurso, es una generosidad de Dios. Cuántas veces he dicho: «¡Hay algo que solo tú puedes hacer, hay alguien a quien solo tú podrás amar, hay un fruto de felicidad que florecerá en ti, y solo en ti puede florecer!». Cada uno según su especie.

Si uno da espacio a la propia tierra, descubre la propia especie de frutos. Cualquiera puede florecer si no se le sofoca.

Hay que poner diques al mar, y finalmente aparecerán las personas, lo suyo específico. El fin principal de los diques, de hecho, no es limitar el mar, sino más bien proteger la tierra para que germine.

Bueno, así preparado se puede continuar el discurso, cuando ya está claro que los «noes» que emergen tienen una sola dimensión, la constructiva, la fecunda. Es fecundidad en nosotros: «La tierra ha dado su fruto»[15], dice un Salmo sereno, de bendición. Esto es mucho más importante que una interpretación ética de los límites que nos tenemos que poner a nosotros mismos.

---

[15] Sal 67, 7.

Escuchemos un pasaje de Emmanuel Mounier, filósofo personalista francés, por desgracia poco conocido:

«El esfuerzo espiritual, en una religión de trascendencia, de interioridad y de encarnación en el tiempo, debe ser solicitado en altura, amplitud y profundidad. Ella no debería nunca pedir una renuncia o proponer un sacrificio que no sea acogido y como trascendido en una aceptación superior: el esfuerzo exclusivo contra el instinto conduce al rechazo; al principio produce rigidez, y enseguida paraliza toda la vida psíquica en una actitud habitual de inhibición. Quien se pasa toda la vida frenando, rechazando, pisoteando, no consigue proponer a la vida otra cosa que gestos de negación y de retirada; la iniciativa y la creatividad, como el amor, vienen solo de una apertura interior. Esta es la fuente de esa tristeza opaca y un poco tonta que vemos con demasiada frecuencia entrar y salir de las iglesias y los templos».

Y también:

«La ascética debe obtener del instinto ese paso elástico, ese vigor contenido, esa vibrante disponibilidad. Transfigurar, no domesticar. El instinto, caído a tierra como san Pablo en el camino de Damasco, como san Pablo debe enseguida levantarse, y gritar al hombre que le ha hecho sentir el peso de su mano de hombre: "Señor, ¿qué debo hacer?"»[16].

---

[16] E. Mounier, *L'Affrontement chretien,* Paris 1945 (La traducción es nuestra).

Si los vivimos así, los diques son entonces un acto creativo. De otro modo son solo represión, y Dios nos libre.

El sentido del fruto y de la belleza debe guiar la identificación de los límites que debemos ponernos a nosotros mismos. Es cierto también el horror del desperdicio de la propia belleza, que conserva el justo sentido del peligro del mal que se puede hacer.

En esta clave podemos, a vista de pájaro, repasar algunos nudos estratégicos del vivir cristiano. Se trata de un pequeño racimo de dones y virtudes, que debemos recuperar de un ambiente que ha perdido de vista la fecundidad y, como dice Mounier, termina por centrarse solo en el «*frenar, rechazar y pisotear*»; vale la pena entrar finalmente en el territorio de las podas para que toda persona «*dé más fruto*»[17].

Son actitudes, virtudes, dones que la sabiduría de muchos cristianos anteriores a nosotros ha identificado, entre la Escritura y la Tradición, y nos las han entregado. Términos como Prudencia, Temor de Dios, Vigilancia, Abstinencia... nos sirven para reconstruir, pero no son cadenas, son vías de curación.

Ante todo, la *Prudencia*, que no es ir a treinta por hora en la autopista, con todos pitándonos detrás, sino que, según el Catecismo de la Iglesia Católica, es la capacidad de «*disponer la razón práctica para discernir, en toda circunstancia, nuestro verdadero bien, y elegir los medios justos para reali-*

[17] Jn 15, 2.

zarlo»[18]. En la práctica, es la capacidad de seleccionar todo lo que hacemos por nuestro verdadero bien. Es la actitud de mirar a la diana, y tratar de dar en el blanco.

En nuestro caso hay que retomar las prioridades del segundo día y dejarlas actuar como motivaciones, porque eso son. ¿He visto que mi prioridad en este momento es acabar la universidad? Entonces lo tengo en cuenta y me pregunto si esto o aquello «juega» a favor o en contra de esta prioridad. ¿He entendido en el segundo día que este es el tiempo en que debo cuidar la relación con mi cónyuge? Entonces lo leo todo en esta clave: ¿me ayuda esta cosa? Entonces de acuerdo. ¿No me ayuda? Lo siento, no tengo tiempo. La prudencia es la actitud por la que todo lo que hago lo someto al fin. Construir y no dispersarse.

Repasemos ahora lo que entiende la tradición cristiana por el *santo Temor de Dios*. Es nada menos que uno de los siete dones del Espíritu Santo. Algunos hacen la distinción entre *temor* —que es tener sentido de Dios, de su presencia— y *miedo* —que sería el instinto de autoconservación y sus derivados—. Bien. Pero en hebreo las dos cosas no se distinguen. Ambas se dicen con la palabra *yira'*, que quiere decir miedo. Y punto.

La distinción entonces es más bien entre miedo y miedo, el constructivo y el destructivo. Como un cuchillo, que puede servir para cortar el pan o para matar. Existe un miedo que no tiene nada de santo y que de hecho no viene de Dios, y pertenece a la dinámi-

---

[18] Catecismo de la Iglesia Católica, 1835.

ca básica del pecado. Pero existe un don del Espíritu Santo que pone en el corazón santos miedos, como el miedo a hacer sufrir a quien amamos, a no amar del todo, a caer en el abismo de la propia depravación, a desaprovechar las ocasiones que Dios nos da; y, sobre todo, el miedo a perder la amistad con Dios. Dice Basilio el Grande: «*Si pecamos, es a causa de la falta de temor de Dios*»[19].

¿Cómo nos ayuda el *santo Temor de Dios*? Con el sentido de los propios peligros y el recuerdo humilde de nuestra debilidad, nos ayuda a poner los pies en la tierra y a ser constantes para rechazar aquellas cosas que no casan con lo que la prudencia me sugiere. Si entiendo que ahora debo estar con mis hijos, el santo Temor de Dios me ayuda recordándome los riesgos que he corrido, o el mal que ya les he hecho. Si estoy tentado de volver a ser padre, pero por episodios, el santo Temor que el Espíritu me regala me da la humildad de no salirme del buen camino que he iniciado e ignorar las distracciones, aunque me cueste.

Vamos a entrar ya en el campo de la *Sobriedad*, en griego *nepsis*, que en sí quiere decir también *vigilancia*. Aquí ayuda el italiano: el sobrio, el despierto, es el que no está atontado. Es quien tiene lúcidos los cinco sentidos. Me puedo dar cuenta de que hay cosas que me entontecen. Y las evito para estar lúcido.

Debo recuperar mi relación con el estudio, por ejemplo. Y sé que hay muchas pérdidas de tiempo con las que no cabe contemporizar: apago el teléfo-

---

[19] Basilio el Grande, *Cartas*, 174.

no, como menos, me levanto antes. ¿Por qué? Porque sabiendo que es una prioridad sana para mí preparar este examen, que esta es la concreta voluntad de Dios para mí, que es este el modo de poder recomenzar a dar fruto, con la prudencia apunto a esto, y con el Temor de Dios me acuerdo de que me estaba arruinando la vida, y pido al Espíritu Santo que me conceda sembrar mi vida de estos pequeños pero dolorosos «noes» que luego, en realidad, cuanto más me los digo, más fáciles me resultan.

Estoy poniendo ejemplos que quizá nos hagan sonreír, pero todo esto puede referirse a cosas mucho más graves, incluso sangrientas.

Pero acerca de esta elemental disciplina primaria que estamos describiendo y que puede venir bien para todas las situaciones, aún no hemos terminado.

Vamos a tratar también de la *Abstinencia*. Normalmente entendida como genérico rechazo o renuncia, es algo mucho más sutil. La abstinencia no enseña a situarse lejos de los errores, sino de la zona que está antes de los errores. Hay cosas que son lícitas, pero si para ti son inocuas, para mí, por el modo en que estoy hecho, me encarrilan hacia lo destructivo. Si con prudencia y temor de Dios —sentido de la belleza y recuerdo de la debilidad— estoy orientado hacia la fidelidad a mi mujer, no basta simplemente que no la traicione, sino que estoy atento a evitar la ambigüedad, haciendo cosas que podrían estar justificadas, pero sé que comienzan a llevarme fuera del camino. La abstinencia, de hecho, se ocupa de señalar la zona donde comienza el plano inclinado hacia la dispersión.

La abstinencia me enseña a no girar en torno al pecado, quizá pensando que no hago nada malo mientras camine a un milímetro del pecado. No me puedo engañar: me debo parar bastante antes.

Un ejemplo por desgracia muy urgente para los chicos *internetizados:* si hay que romper la dependencia a la pornografía en internet, no habrá que navegar por la red si estamos solos y en horas peligrosas. Navegar en la red no es malo, pero si uno se da cuenta de en qué condiciones se pierde, evita las famosas *ocasiones próximas de pecado*.

Todo lo que prepara a lo destructivo, hay que evitarlo. Debemos saber cuándo conviene parar, antes de comenzar: es la preservación de la propia belleza.

Es, curiosamente, esta hermanita menos famosa de las cuatro, la abstinencia, el lugar en que uno comienza a estar mejor. Es aquí donde comienza la alegría del fruto.

¿Hemos acabado? No, porque vale la pena volver a mirar cómo el Señor Jesús ejercita su filiación en el pasaje de las tres tentaciones.

Veamos que el Señor Jesús se refiere a la esclavitud de los apetitos, la obsesión de los proyectos y la trampa de las posesiones, ligándolas a aspectos centrados en su ser de Hijo del Padre celestial.

El *ayuno* es para comer algo mejor que *solo pan*. Hay algo que sacia aún más, que obligar a convertirse en alimento a lo primero que encuentra.

La *oración* me ayuda a estar en relación con Dios, y en vez de quedar preso en mis hipótesis pindáricas, hablo con Él y me desmarco así de mi monólogo.

La *pobreza* de las cosas que poseo en este mundo me hará ser *del* Padre, y así como todo lo que poseo en este mundo tiende a esclavizarme, ejercito el arte de la libertad mediante la *limosna*, para no apegarme a otra cosa que a Él, que me lo regala todo.

El ayuno es siempre el primer paso de la reconstrucción. Hay algo que me debo quitar para dejar espacio. Y ese espacio lo llena la oración, porque la lucidez que viene del ayuno me hace razonar mejor, y mis pensamientos se vuelven tranquilos; entonces puedo invocar a mi Dios y quedar en calma, esperando que Él me toque el corazón. Si espero, llega siempre su dulce soplo. Entonces veo lo que puedo hacer de bueno. Puedo llegar a los hermanos y seguir así unido a Él y también a mi corazón.

Lúcido, confiado y al volante de mis actos. Un príncipe.

Comenzando a saborear lo bueno que es vivir como hijos y no como esclavos.

Pero este es un punto de llegada, no de partida. Aquí se llega poco a poco.

Nos puede ayudar un segundo consejo para el día tercero. Siempre en la habitación de la oración, cerrada la puerta a las banalidades, en presencia de Dios, partimos de los frutos. Es lo que en verdad nos interesa, que la vida vaya hacia la fecundidad, el amor, el bien.

Aquí debemos retomar la lista de las prioridades, volver a controlar si siguen una inspiración amorosa, si son fecundas o si no huelen un poco a perfeccionismo. Si las sentimos como obediencia a Dios, como vía para crecer en el amor, como camino constructivo, entonces bien, es ahora cuando hay que vivirlas.

Concentrándome en el hecho de que Dios me está indicando qué cosas cuentan ante todo para mí, ya estoy en el ámbito de la prudencia, que es el arte de recordarse el fin, el objetivo. Y esto está en las prioridades.

Como sé que soy un pésimo amigo de mis prioridades, con la ayuda del santo temor de Dios delimito los peligros concretos que pueden lesionarlas.

Pues hay cosas que, teniendo en cuenta mis debilidades respecto a la sobriedad, debo evitar como la peste.

Y con la abstinencia me preguntaré qué zonas de riesgo debo evitar.

¿Qué he dicho hasta ahora? Podemos resumirlo en que tomo las prioridades, y aplico las actitudes mencionadas. Es un camino que puede recorrerse también de otro modo. Poco a poco iremos descubriendo cada vez mejor nuestro modo de personalizarlo.

Pongamos un mínimo de ejemplos.

Una prioridad que me ha mostrado la Providencia, como algo imprescindible en mi vida, puede ser la serenidad y la buena atención a mis hijos. Los hijos que Dios me ha dado son un punto firme que no debo descuidar.

A Dios se lo digo, se lo suplico: ¡concédeme el don de ser un buen padre! Eso cuenta en mi vida. Si fallo en esto, ¿para qué me sirve todo lo demás?

Y me acuerdo de mis errores cometidos con mis hijos, y suplico a Dios que me ayude a no repetirlos.

Y me hago la pregunta: ¿qué me ha hecho comprender el Señor con mis errores? ¿Cuál ha sido mi estupidez?

Pongamos que debo admitir que me había quedado fijado en un objetivo mío personal, un deseo que me había comido la inteligencia. Se trataba de una cosa buena —puede que no—, que me parecía primaria. Pero era una fijación propia mía. Y si alguien me decía que me estaba equivocando, yo, orgulloso, lo mandaba a paseo.

Cuando alguna cosa ocupa el lugar de la relación con mis hijos, no es buena, no funciona. Entonces, ¿sabes lo que te digo?: me pongo en un papel cuál es el espacio intocable para mis hijos... horarios, días, cosas que debo hacer con ellos...

Esos son los diques: esas cosas no se tocan. Debe venir Dios en persona a decirme que ese espacio lo debo sacrificar.

Pero no tendrá que venir, seré yo el enemigo de esta sabiduría. Soy yo quien no respeta esos diques.

Y es por eso por lo que debo agarrarme a la oración, y hacer algún ayuno para ser un buen padre. Y ¿sabes lo que te digo?, que voy a rezar un rosario por mis hijos, que los llevo en el corazón, y me hago ayudar por la Virgen María.

Y renuncio al videojuego del fútbol que no concuerda para nada con esta prioridad. El sábado apago el teléfono, lo encenderé solo dos veces en todo el día, por si falto a la caridad ante una urgencia. Pero antes están mis hijos.

Y como sé que debo dejarme ayudar, practicaré el deporte extremo que más temo: preguntar a mi mujer qué piensa, de lo que sea. ¡Esto sí que es una conversión!... ¿No estaré exagerando? No. Si doy poder a mi mujer para corregirme, entonces sí que estoy seguro, estoy entregándome a la santa voluntad de

Dios, que esto es lo que me da más miedo, porque esta desgraciada me conoce y me dice la verdad. Era ella la que no estaba de acuerdo con la fijación que tenía…

Terminamos este tercer día, el día de los frutos que hay que proteger por medio de la disciplina de los límites, con el versículo de un Salmo:

> *«Él ha puesto paz en tus fronteras,*
> *te sacia con la flor del trigo»*[20].

Los confines son, en general, el lugar de la tensión, de la guerra. Si uno acepta tener límites, y humildemente se somete a los buenos hábitos para recuperar el gobierno de sí, Dios sabe transformar el dolor de un límite en paz, en alegría, en recurso; y lo que es pobre lo transforma en riqueza, y la debilidad en fuerza. Y sabe dar a la medicina amarga el retrogusto dulce de una vida que está volviendo a ser bella. Uno comienza a comer *la flor del trigo* de las cosas bellas que poco a poco vuelve a realizar.

Porque el ayuno, la oración y la limosna, diremos sencillamente, procuran la paz.

---

[20] Sal 147, 14.

DÍA CUARTO

El don de las inspiraciones

Recomenzar, no repetir.

«Dijo Dios:

“Haya lumbreras en el firmamento del cielo para separar el día de la noche, y que sirvan de señales para las fiestas, los días y los años; que haya lumbreras en el firmamento del cielo para alumbrar la tierra”.

Y así fue. Dios hizo las dos grandes lumbreras —la lumbrera mayor para regir el día, y la lumbrera menor para regir la noche— y las estrellas. Y Dios las puso en el firmamento de los cielos para alumbrar la tierra, para regir el día y la noche, y para separar la luz de la oscuridad. Y vio Dios que era bueno.

Hubo tarde y hubo mañana: día cuarto»[1].

El día en que entramos nos propone un enigma: en él se crean las fuentes de luz en el firmamento, con el fin de separar el día de la noche. ¿Pero no

[1] Gn 1, 14-19.

era esto el primer día? ¡La luz ya había sido creada! Y también la distinción entre el día y la noche ya se hacía allí. La luz y las tinieblas, ¿no eran ya distintas?

Lo que se dice es: «*Que sirvan de señales para las fiestas, los días y los años*». Los meses ni siquiera se citan. En su lugar están las fiestas. Qué extraña mentalidad... ¿La vida está compuesta de meses o de fiestas? ¿Al pensar el tiempo no sería más lógico seguir un orden de duración? ¿No vendrían antes los días?

Aquí, la unidad de medida primaria son las fiestas. Es decir, son los momentos en que se celebran las obras de Dios en la historia de este pueblo. Los días te los marcan lo que celebras. Eso que celebras, en verdad, secciona el tiempo.

He oído decir muchas veces cosas de este tipo: «*Mi vida se divide en dos partes, antes y después de haber recuperado la fe. Antes era en blanco y negro, luego en color*». Y se aprende a marcar el compás de la propia existencia no en el calendario sino con los encuentros con Dios, los relevantes.

No me acuerdo de la marea de cosas que sucedieron en mi vida, pero me oriento entre el antes y el después de los años pensando en cuando encontré la fe, cuando murió mi hermano, cuando fui ordenado presbítero, las últimas palabras que me dijo mi padre antes de morir, la última vez que he visto a mi amigo Carlo, la primera noche como párroco, la primera vez que hice los ejercicios de san Ignacio... Está bien, a vosotros no os importa mucho, pero estoy estructurado según mis fiestas, no por el ábaco de mis lunas.

Un Salmo dice:

> «*Enséñanos a llevar buena cuenta de nuestros días,*
> *para que logremos un corazón sabio*»[2].

La sabiduría consiste en saber contar el tiempo.

Sí, tuve que aprenderlo por mi cuenta y luego enseñar a muchas personas a contar de otro modo las cosas. Es algo que te enseña el Señor. Él, a fuerza de hechos que te hacen saltar de una vida a la otra, revela que los días no son iguales. Hay días para nacer y días para morir, días para derruir y días para construir, días para callar y días para hablar[3], parafraseando el libro del Qohélet.

Y las cosas se miden por lo que llevan escrito dentro. El tiempo interior y el tiempo cronológico son como Mozart y Salieri, lo sublime y lo mediocre.

Las fiestas, para Israel —ya lo recordamos—, no son como una ocasión de comer tarta. Son otra cosa:

> «*Habla a los hijos de Israel y diles: "Estas son las solemnidades del Señor en que convocaréis asambleas santas. Estas son mis solemnidades"*»[4].

Son citas, son reuniones. Son momentos de comunión de un pueblo con su Dios, señalados como fechas que hacen presentes las obras que Dios ha hecho en favor

---

[2] Sal 90, 12.
[3] Cfr. Qo 3, 1-8.
[4] Lv 23, 2.

de Israel. Es la historia de una relación. Que se debe subrayar y celebrar con el fin de hacer presentes cosas que deben ser recordadas, porque son la sustancia de una relación.

Como si tu madre se olvidase de tu cumpleaños. Imposible. Por eso es tu madre. Gracias a los cumpleaños y aniversarios, mis hermanas saben qué nivel de expansión volumétrica pueden alcanzar mis carnes. Por fortuna, las fiestas lo iluminan todo.

Las fiestas son el tiempo. Una vida sin fiestas es una comida rectilínea de cosas aburridas.

Entonces, el sol y la luna sirven para las fiestas, mira por dónde. No lo contrario. ¿La vida sirve para el reloj o el reloj para la vida? Es una pregunta con la que podremos comprender a las personas y su verdadera calidad.

De hecho, este hincapié sobre la calidad del tiempo nos lleva al elemento que explica la finalidad y la novedad de esta fase, la función del sol, de la luna y de las estrellas, es decir, las criaturas del cuarto día.

> *«Dijo Dios: "Haya lumbreras en el firmamento del cielo para separar el día de la noche, y que sirvan de señales para las fiestas, los días y los años; que haya lumbreras en el firmamento del cielo para alumbrar la tierra". Y así fue»*[5].

Si en el primer día habíamos visto que luz y tiniebla son la primera distinción operada, en el segundo se separaban aguas de vida y aguas de muerte, y en el

---

[5] Gn 1, 14-15.

tercero tenía lugar el reparto entre mar y tierra. Ahora esta tierra que fructifica necesita una mejora en su sistema de iluminación.

La palabra que Dios dice en el cuarto día define la función de estas nuevas creaturas: *iluminar la tierra,* el espacio de la fecundidad. ¿Y qué más dice?

> «*Dios hizo dos grandes lumbreras —la lumbrera mayor para regir el día, y la lumbrera menor para regir la noche— y las estrellas*»[6].

Las dos luces, la mayor y la menor, iluminan «para regir el día» y «para regir la noche». Y luego lo repite de modo definitivo:

> «*Y Dios las puso en el firmamento de los cielos para alumbrar la tierra, para regir el día y la noche, y para separar la luz de la oscuridad*»[7].

Son tres actividades secuenciales: iluminar para gobernar, y por tanto separar. Sol y luna iluminan, para que sobre la tierra se pueda gobernar el día y se pueda gobernar la noche, y así luz y oscuridad sean bien distintas.

Repitamos: puntos de iluminación para gobernar, y para que la luz sea distinta de la oscuridad. Comienza a aparecer el punto focal: el gobierno del espacio de la existencia, con el fin de distinguir la luz de la oscuridad. Luz y oscuridad son dos cosas bien distin-

---

6 Gn 1, 16.
7 Gn 1, 17-18a.

tas, y esto desde el primer día, pero mientras camino sobre la tierra me confundo mil veces: debo gobernar para no confundirme.

Jesús dice:

> *«La lámpara del cuerpo es el ojo. Por eso, si tu ojo es sencillo, todo tu cuerpo estará iluminado. Pero si tu ojo es malicioso, todo tu cuerpo estará en tinieblas, ¡qué grande será la oscuridad!»*[8].

Si no distinguimos tinieblas de luz —cosa que hacemos en cada uno de nuestros errores— es porque la luz que tenemos —nuestro *ojo*— no funciona bien, no gobierna, no distingue.

Es una luz que, si es recta, sencilla, ilumina todo el cuerpo, toda la propia realidad. Pero si es maliciosa, hay problemas. Será grande la oscuridad.

Estamos entrando en una zona aún más neurálgica. Para identificarla subrayemos un aspecto de las palabras de Jesús en el capítulo sexto del Evangelio de Mateo que acabamos de citar:

> *«La lámpara del cuerpo es el ojo»*.

Como en la historia del firmamento, también aquí tenemos una afirmación que desde el punto de vista morfológico causa risa. El ojo no ilumina, es iluminado. Es pasivo, no activo. Lo que dice Jesús corresponde a la convicción de la época: los ojos, por su propia virtud, iluminan las cosas, como si fuesen pro-

---

[8] Mt 6, 22-23.

yectores, pero las iluminan hacia adentro. También aquí conviene ser cautos antes de desechar una indicación de este género solo porque choca morfológicamente. Aparentemente.

Desde el punto de vista físico no es tan absurda: si se profundiza en la estructura del aparato visual descubriremos algo notable: de los cinco sentidos es el más cerebral. En la construcción de la percepción mental de los objetos, la elaboración es inconscientemente enorme. El cerebro nos aporta elementos como la perspectiva o la reconstrucción unitaria de un objeto percibido en realidad solo parcialmente —solo por decir algo y no perder demasiado tiempo en este punto—. Pero estructuralmente es muy cierto: no solo el ojo percibe los fotones a través de la retina y los comunica con el nervio óptico, sino que eso es solo el inicio del sentido de la vista. La elaboración del dato que proporciona la percepción es muy compleja. El cerebro trastoca el orden de las imágenes respecto a la percepción invertida, reconstruye la tridimensionalidad, aporta los elementos que faltan...

Baste pensar: ¿es más fácil engañar al ojo o al oído? Al primero. El segundo es menos vulnerable.

Y pensemos en el asunto del «punto de vista». ¿Las cosas iluminan el ojo o el ojo ilumina las cosas? Bueno, si entendemos por ojo todo el dinamismo de la percepción visual, no es cierto que lo segundo, incluso materialmente, sea equivocado. Existencialmente es más verdadero que el ojo ilumina las cosas.

Cuando se han producido grandes cambios en mi vida, nada cambió en lo que tenía a mi alrededor: colores y formas seguían igual. Lo que cambió fue mi mirada.

¿Cuál es mi sol para iluminar mis días? ¿Cuál es mi luna para captar algo en mi noche?

¿Qué luz hay en mí? ¿Cómo miro las cosas?

Luciérnagas y linternas

La luz y la tiniebla, como veíamos en el primer día, están para entender qué hacer y qué evitar.

Tenemos luces que son día y luces que son noche. Y en esta aventura nuestra estamos acogiendo el relato de la creación como paradigma de nuestra existencia, y hemos recordado que el texto nos lo ha entregado un pueblo que ha caminado en las tinieblas y se ha perdido. No ha sabido gobernar su noche, también porque no ha sabido gobernar su día. Lo que quiere decir: este pueblo no ha sabido entender lo que le estaba diciendo su Dios en el día de la salvación, y se ha ganado su desgracia. Y no ha entendido lo que le decía el Señor en la desgracia, sí: retomar la dirección de la salvación. Ha despreciado las promesas recibidas, y ha dilapidado las experiencias que lleva consigo el sufrimiento. No ha entendido a su Dios ni se ha entendido a sí mismo.

No ha comprendido qué celebraban sus fiestas, las ha instrumentalizado, las ha leído todas en la clave más estúpida.

> *«Y si la luz que hay en ti es tinieblas, ¡qué grande será la oscuridad!»*.

¿Qué son estas dos sabidurías, una luminosa y la otra tenebrosa de las que habla Jesús? Para Él son *«la luz que hay en ti*», y antes aún: «*Tu ojo*». Y este ojo puede ser «*sencillo*» o «*malicioso*». Extraña antinomia. Sencillo suele oponerse a complejo o retorcido, y malicioso a bueno. Pero no. Aquí sencillo se opone a malicioso. Extraño.

A decir verdad, las dos palabras serían simétricas en su acepción física, pero no existencial. La palabra que tenemos por *sencillo —'aplous—* puede significar también *sano,* mientras que la palabra que tenemos por *malicioso —poneros—* significa también *enfermo*. Los traductores han querido justamente subrayar que no era esta la oposición, la fisiológica. En efecto, por el contexto, es explícitamente un problema de sabiduría, no de morfología.

En la tradición espiritual nosotros distinguimos estos dos ojos-sabiduría con dos nombres significativos: las *inspiraciones* y las *sugestiones*.

El escenario de nuestra consciencia tiene varios intérpretes, y lo que estamos afrontando es una cuestión neurálgica. Es la orientación dentro de la selva de nuestros pensamientos y nuestros sentimientos, lugar donde los objetos mentales se formulan y las reacciones sentimentales se desbordan hasta las intenciones, y luego se acaba por hacer obras de arte o chapuzas, actos fraternos o violencias, con todas las variantes posibles.

Hay una palabra en la que podemos fijarnos para entrar en este tema. San Pablo, en la Carta a los Romanos hace una descripción trágica:

> «*... y como demostraron no tener un verdadero conocimiento de Dios, Dios los entregó a un*

perverso sentir que les lleva a realizar acciones indignas...»[9].

Está hablando de un mundo corrupto, degenerado, violento, desvergonzado. Y dice que está guiado por un *perverso sentir*, una inteligencia depravada. En griego la palabra quiere decir, en primera acepción y literalmente, *no examinado, no puesto a prueba, no verificado*. De hecho, es un juego de palabras, lo de Pablo: no han querido examinar bien su conocimiento de Dios, y Dios los entrega a una inteligencia no verificada. Usa el mismo verbo en el primero y en el segundo caso, pero en el segundo le pone un *alfa privativo*. Debían sopesar bien, y entonces se encuentran en el caldo de lo no bien sopesado.

Nosotros creemos que nuestras equivocaciones son el fruto de los movimientos interiores erróneos. Pero las cosas no son exactamente así: nuestros errores son ciertamente fruto de dinámicas interiores desfasadas, pero estas inhabitan nuestro teatro interior porque no hay aduana en nuestra frontera mental, hemos despedido al portero y en nuestro palacio mental entran todos. Cualquiera que pasa puede corretear por los meandros de nuestras decisiones. El primero que llega abre la boca, le den o no la palabra.

¿Por qué? ¿Hay diferencia de calidad entre nuestros pensamientos? Pues sí. Incluso solo darse cuenta de esto bastaría para dar un primer salto de calidad.

---

9 Rm 1, 28.

Hay que considerar una cosa: ¿cómo me recompone Dios?, ¿cómo me salva? ¿Cómo interviene en mi vida? Están las cosas que me rodean, los hechos de mi historia, el don de las Escrituras, la sabiduría que los cristianos antes de nosotros han acumulado, el cuidado a distintos niveles que podemos encontrar en los cristianos de hoy, es decir, ese cuerpo orgánico que es la Iglesia, y la fuerza de los sacramentos, y el arte cristiano, y personas que nos quieren, y... una lista infinita de medios nobles que Dios Padre, viendo cómo estamos hechos, nos puede ofrecer en ráfagas de generosidad. Pero si desde dentro no abrimos la puerta, se quedan todos fuera. Y nos resbalan.

De nada sirven si no se los acoge. Y entonces Dios debe ofrecerse a mi corazón, a mi consciencia. Y lo hace a su manera. Pero no habla solo Él. A mi alrededor hay otras instancias, otras propuestas, otras incitaciones. Y no hablan solo fuera. Entran, corren por ahí, me impresionan, me congestionan.

Después de habernos portado mal o haber hecho daño a alguien, es sabio hacerse preguntas de este tipo: *¿pero de dónde ha nacido todo este desastre? ¿Por qué me he salido del camino sin ni siquiera darme cuenta? ¿De dónde me han salido esas estupideces?* Esto iniciaría un proceso de sabiduría.

Alguno puede pensar: ¿entonces es todo cosa de ir al psicólogo? ¿Y ahora pierdo yo dos páginas del libro haciendo aclaraciones...? ¡Pues no!

Ir al experto en psicodinámica puede ser útil, o incluso necesario. Soy un proveedor generoso de clientes para psicoterapeutas y análogos, me deberían dar un premio por este motivo. Pero no es este el campo de nuestro discurso, que es bien distinto. Tenemos que ver precisamente qué hacer con el trágico olvido de nuestra riqueza espiritual —mientras que mil veces he visto que, si un especialista de psicodinámica tropieza con esa riqueza, la aprecia con entusiasmo—. Nosotros, los cristianos, tenemos algunas piezas en nuestro arsenal que hacen palidecer cualquier preparación heterogénea. Y tantas veces, por el contrario, palidecemos nosotros, fundamentalmente por ignorancia.

Hay incluso cosas que debes buscarte tú solo, si eres un sacerdote joven, porque en la *ratio studiorum* no encuentran sitio, y son de las que más te sirven para ayudar a la gente, a los matrimonios, a los jóvenes; hay alguno que trata de resolverlo con unas pinceladas de psicoanálisis —raros casos, en realidad—. En general, los sacerdotes distinguen los dos campos de competencia y se preparan para lo que la Providencia les confía, reconociendo las diversas competencias. Dan al César lo que es del César y a Dios lo que es de Dios. Si un muchacho se rompe una pierna en la parroquia, lo llevo a urgencias, no ante el Santísimo Sacramento.

Las fuentes de los pensamientos

Nuestro ámbito, en realidad, es más recóndito, y al mismo tiempo más sencillo. No consiste en la mecánica del pensamiento, sino en su fuente.

La pregunta es, por tanto: ¿de dónde me viene el desorden? ¿Dónde comienza la dinámica que me ha estropeado la vida?

Dice el libro del Sirácida:

«Principio de toda obra sea la recta razón,
antes de toda acción, la reflexión firme.
Raíz de los pensamientos es el corazón,
de él proceden estas cuatro ramas:
bien y mal, vida y muerte;
pero la que siempre domina es la lengua»[10].

Hay una palabra detrás de cada uno de mis actos. Rascando en las cosas que he hecho mal encontraré una «*lengua*» que se me cruzó en la mente. Un pensamiento negro que no he desechado prontamente. Esa cosa —que seguía su propio *lenguaje*, tenía un modo propio de hablar— en un cierto momento la he asimilado, dialogando con su idioma en mi interior. Y poco a poco, ha tomado cuerpo convirtiéndose en la clave para leer las cosas, se ha establecido como convicción y devenido mi lenguaje interior. Y me ha arruinado la vida.

En la estación hay una multitud de niños, mujeres, maridos, hermanos que esperan el tren que trae de vuelta a los desilusionados. A esos que esperan no los verán desengañarse. Ellos no tomaron el tren de vuelta de los que han abandonado, herido, entregado, desilusionado, y no saben que es una alegría indecible ver a alguno que, como se dice, se arrepiente.

Arrepentirse. Quiere decir volver atrás para ver. Una revisión que debe aclarar por qué otra *palabra* ha encontrado finalmente audiencia dentro de ti. Y la has acogido. Al principio te dolía un poco, te choca-

---

[10] Si 37, 16-18.

ba, pero luego has comenzado a oír su *lenguaje* y ha logrado que volvieras a respirar, te ha restaurado el cerebro y el corazón, te ha dado un ritmo nuevo. Y ahora estás mejor.

En suma: los desastres comienzan por un pensamiento, las reconstrucciones se inician con un pensamiento.

Y díganos la señal de los primeros y la de los segundos: que los primeros no los volvemos a aceptar y nos agarramos a los segundos.

Bueno, estamos aquí precisamente para esto.

Ya los habíamos mencionado: los pensamientos que destruyen se llaman *sugestiones,* los que reconstruyen se llaman *inspiraciones*. Y son muy distintos unos de otros. Pero debemos decidir volver a contratar al portero del palacio para que haga de filtro; de lo contrario, las sugestiones entran sin anunciarse, y vencen a las inspiraciones, en general.

¿Y eso por qué? Porque son distintos, y su heterogénea naturaleza establece que a la tortuosa y engañosa belicosidad de las sugestiones se oponga la sencillez pacífica de las inspiraciones. Ponlas a dar vueltas en un aparcamiento y verás quién vence. En efecto, la paz pierde el sitio tranquilamente. Porque sabe que es mejor perder la plaza que la paz. Llámala estúpida...

Será ventajoso en este punto comprender los dos lenguajes, las estrategias y modalidades con las que se presentan esta dos instancias en nuestro mundo interior.

No pasa inadvertida la paternidad de estas dos luces: por la parte de las inspiraciones, si son verdaderas, no hay duda, es el Espíritu Santo. ¿Y por la parte de las sugestiones? ¿Quién es el padre de la mentira?

Jesús, en uno de los más amargos enfrentamientos con quienes no aceptaban sus palabras, llega a decir:

> «*Vosotros tenéis por padre al diablo y queréis cumplir las apetencias de vuestro padre; él era homicida desde el principio, y no se mantuvo en la verdad, porque no hay verdad en él. Cuando habla la mentira, de lo suyo habla, porque es mentiroso y el padre de la mentira*»[11].

Inútil andar con rodeos: el mal tiene una paternidad, tiene una fuente. Y no se reduce a la malicia humana, porque es sano reconocer que es un *mysterium iniquitatis,* algo inexplicable. El mal que los hombres han hecho en la historia se ha demostrado inhumano, monstruoso, superior a la suma de las perversidades humanas; el mal desencadena algo que supera lo humano. El mal *agarra* al hombre y lo lleva a una dimensión que no es su verdad. Cuando un hombre se arrepiente, se dice que *vuelve en sí*. Es decir, vuelve a ser auténtico. El mal no es nuestra verdad. Soy yo mismo cuando amo, cuando odio soy engañado. Cuando me calmo, cuando me desprendo, cuando reconstruyo, es cuando soy verdadero. El mal ético, existencial, obrado por el hombre es siempre mentira.

Es un tremendo error demonizar al hombre: el hombre es el hombre, y el demonio es el demonio.

---

[11] Jn 8, 44.

Si los confundes y no respetas la diferencia, puedes autorizarte a hacer una limpieza étnica de cualquier clase. Y el demonio te ha fastidiado con ese acto de demonizar. Cada vez que instruidos por la divina enseñanza de Jesús nos atrevemos a llamar a Dios nuestro Padre, pedimos ser ayudados en la batalla de los engaños, es decir, de las tentaciones, y liberados del maligno. Porque sabe engañarnos y esclavizarnos por medio de sus seducciones.

¡Pero no solo existe esa influencia negativa!

Tenemos también la generosidad del Padre de la luz, que es cosa bien distinta. Está el Señor Jesús que intercede por nosotros en el cielo para que nos visite el Espíritu Santo. Esto es mucho más importante.

Nunca hay que centrarse solo en el mal, hay que estar siempre más atentos al bien; el mal, en efecto, tiene dos técnicas principales, opuestas, para engañarnos: o se esconde y entra como uno cualquiera, o nos atrae a no pensar en otra cosa que en él, asustándonos. En todo caso, en el del falso bien o en el de la obsesión del mal, nos lleva a tener la cabeza lejos del verdadero bien. Y por eso es vital permanecer el mayor tiempo posible con la cabeza en las cosas buenas, como dice san Pablo:

> *«Por lo demás, hermanos, cuanto hay de verdadero, de honorable, de justo, de íntegro, de amable y de encomiable; todo lo que sea virtuoso y digno de alabanza, tenedlo en estima»*[12].

---

[12] Flp 4, 8.

El objeto de nuestros pensamientos no puede ser algo innoble, injusto, impuro, odioso, deshonroso, viciado o que desdiga. Salvo que sea por sorpresa. En cuanto uno se da cuenta de que se está encerrando en la ira o la amargura, debería aprender a reconocer el hecho como se descubre a un espía: «Este me está engañando, me estoy ocupando demasiado de él».

En todo caso, necesitamos confrontar la acción del Espíritu Santo con la del enemigo, teniendo siempre en mente que no son acciones especulares, simétricas. Son muy distintas entre sí. El Creador es Dios, y su Espíritu cubre las aguas desde el principio, y es Señor; Él, por su naturaleza, da la vida, hace vivir.

El enemigo no sabe dar la vida, solo sabe oprimirla; pero es astuto, y por oficio imita las obras de Dios, porque es envidioso y competitivo. Es una luz que es tiniebla. Por eso, o fomenta pensamientos destructivos o desvía la atención del bien real al bien hipotético; y en todo caso oprime el bien posible. Y así uno piensa en la casa en la que vivirá, y no vive en el presente.

Por el contrario, el Espíritu Santo cubre el presente, aunque sea caótico, como seno del bien. Con el Espíritu Santo se mira a la potencialidad de las cosas y se las valora; el maligno, o nos obsesiona con una idea y no con la realidad, o, con más frecuencia, nos estimula a rechazarlo todo.

Pero ¿cómo puedo ocuparme de esta temática sin citar a Clive Staples Lewis y sus imprescindibles *Cartas del diablo a su sobrino*? Para quien no conozca la cosa, Lewis escribe genialmente una serie de cartas de un tío diablo a su sobrino diablo que está aprendiendo a tentar a los hombres. En su lenguaje todo está trastocado, y el «*Enemigo*» es el Padre celestial. Leamos un pasaje:

> *«Los humanos viven en el tiempo, pero nuestro Enemigo les destina a la Eternidad. Él quiere, por tanto, creo yo, que atiendan principalmente a dos cosas: a la eternidad misma y a ese punto del tiempo que llaman el presente. Porque el presente es el punto en el que el tiempo coincide con la eternidad. Del momento presente, y solo de él, los humanos tienen una experiencia análoga a la que nuestro Enemigo tiene de la realidad como un todo; solo en el presente la libertad y la realidad les son ofrecidas. En consecuencia, Él les tendría continuamente preocupados por la eternidad (lo que equivale a preocupados por Él) o por el presente; o meditando acerca de su perpetua unión con, o separación de, Él, o si no obedeciendo la presente voz de la conciencia, soportando la cruz presente, recibiendo la gracia presente, dando gracias por el placer presente.*
>
> *Nuestra tarea consiste en alejarles de lo eterno y del presente»*[13].

Y el maestro diablo continúa explicando que sobre todo el futuro, o sea, en el tramo del camino entre el presente y la eternidad, por su naturaleza absolutamente inmaterial, ahí debe centrarse la tentación sobre el hombre, de modo que uno viva de nada, torturándose con las hipótesis.

---

[13] C. S. Lewis. *Cartas diablo a su sobrino*. Carta XV.

En cada Ave María esta sabiduría sale a nuestro encuentro: *ahora y en la hora de nuestra muerte*. Las únicas dos cosas ciertas: hoy existimos y un día cruzaremos el umbral de la eternidad. En medio hay algo que hay que entregar y acoger, no intentar manipularlo o hacer cosas de ese estilo. Sobre todo, porque sería una alienación.

Queda dicho: la lectura de Lewis y del epistolario pseudodemoníaco es uno de los regalos que tenemos que hacernos a nosotros mismos. Es una de esas lecturas que hacen cambiar de perspectiva e iluminan, proporcionándonos un seguro beneficio.

SINTAXIS, LENGUAJES, IDIOMAS

Entramos de lleno en lo específico: el Espíritu Santo me salva, hemos dicho, con un tipo de movimiento interior que se llama *inspiración*.

Inspiración, del latín *in spirare,* quiere decir *respirar dentro,* es algo que brota en la zona recóndita de la consciencia, en la profundidad original del yo noble. A este lugar la Escritura lo llama «*corazón*» pero también «*espíritu*», y es la parte más profunda, el centro del ser del hombre, donde el Espíritu Santo actúa ordinariamente en todas las personas de la tierra. San Agustín usaba la expresión *intimior intimo meo* [más íntimo para mí que yo mismo]. Allí se experimenta como un contacto con uno mismo, de una autenticidad total. Tiene sus características específicas, que veíamos hace poco.

En la tradición espiritual cristiana, a la inspiración se opone la *sugestión*. Estamos habituados a considerar la sugerencia como una cosa buena —y en el uso corriente es un término aceptable—, pero la palabra viene del latín *sub gerere* que no tiene un sentido positivo. El «gerente» es el que gestiona y *sub gerere* quiere decir estar bajo la gestión de otro. Corresponde de hecho a una manipulación. A un robo peligroso.

Se nota el prefijo de los dos términos: el Espíritu Santo usa *«in»* y es algo que está dentro y abajo, y sopla, mientras que la obra del padre de la mentira usa *«sub»* que implica un movimiento, que crea una sumisión, orientado a gestionar, a tomar el mando.

¿Pero cuáles son las características esenciales de estos dos lenguajes?

La inspiración viene del Espíritu Santo, y su lógica es el amor; por tanto, propone, pero no impone, porque el amor implica la libertad. Seguir una indicación sin libre consentimiento, no puede ser un acto de amor, porque es despersonalizante. Si una mujer chantajea a su hombre y obtiene que se comporte como ella desea, lo que luego sucede no es muy tranquilizador… nadie ama mediante amenazas. Por eso el Espíritu Santo no constriñe nunca a nadie, porque lo que se obtiene por constricción es inútil.

Ya lo hemos repetido: forzar, en la vida interior, en la dinámica espiritual, en el crecimiento del amor, no sirve para nada. Apenas termina la amenaza, se vuelve, por lógica elástica, a la forma precedente. Si no me impongo yo lo que debo hacer, si me sigue resultando extraño, lo haré con apnea, y echaré fuera el aire apenas pueda.

El Espíritu Santo no es solo delicadeza y dulzura, sino que es también la más aguda sabiduría; y no se impone a la persona solo porque toda imposición no sea amor, sino también porque imponerse no sería sabio. En efecto, sencillamente, no sirve para nada. Los moralismos no solo son feos: son, sobre todo, inútiles.

No olvidaré nunca la espontaneidad de Enrico Petrillo, viudo de Chiara Corbella, ya citado en la apertura. Durante un encuentro, un muchacho nos preguntó en qué se reconoce que Dios podía estar hablándole, y Enrico le respondió, sin dudar: «En el hecho de que le puedes decir que no». Cierto.

Al Espíritu Santo se le puede decir que no. De otro modo tendríamos que tratar con un dictador. Y no nos llevaría al reino de los cielos, sino a algún *lager*.

Esto no quiere decir que las inspiraciones sean melifluas, flojas, borrosas. Todo lo contrario. Pero si, por una parte, existe la fuerza de la constricción, por otra también existe la energía del bien. La segunda sabe ser poderosa. Pero siempre en libertad.

Hay pensamientos que proponen un bien a mi corazón, y de golpe intuyo una cosa buena a la que me puedo abrir; veo en mi interior una instancia que me instruye hacia algo positivo y eso me deja completamente libre. Siento un combate interior, porque entiendo que abrirme a esa cosa quiere decir aceptar un cambio, aceptar también una posición de generosidad que implicará pérdidas; pero yo sigo perfectamente libre, puedo decirle que no, aunque sea fuerte y sienta que esa cosa es profundamente verdadera. El Espíritu Santo no necesita servirse del verbo «deber»; Él, por el contrario, abre posibilidades, nos habla con otro verbo, el verbo «poder». No dice «debes hacer esto», sino «puedes hacer esto…».

La sugestión en cambio tiene una lógica, incluso falsa, que es fundamentalmente impulsada por el miedo; y como consecuencia de esta coacción, desvía, constriñe. Está empapada de urgencia. Soy agredido interiormente en una dirección, y mi movimiento interior se presenta como algo que huele a obligación, aunque se hable de cosas espirituales y santas, donde yo desaparezco, y no soy ya una persona sino un soldadito. En efecto, normalmente se entrelaza con el sentimiento de culpa y puede encerrar una búsqueda de mí mismo, una soberbia que se embarca en cosas que no son verdaderamente mías.

A causa de una sugestión se afirma lo que se piensa de modo agresivo, tenso, asustado, ansioso, mientras que bajo la inspiración se comunica con tranquilidad; y lo hace así porque intuye que es algo limpio.

En efecto, la sugestión normalmente es un tipo de insinuación interior por la que me siento impelido a hacer algo, pero si alguien me pide justificar lo que he decidido, lo explico de manera complicada y tortuosa, no tengo una respuesta lineal, parto de un discurso que no termina nunca y tiendo a dar vueltas complicadas para justificar mis actos, busco convencer a quien me escucha acabando por decir cosas como estas: «No me puedes entender, solo yo puedo entenderlo».

Cuando, en cambio, una intuición proviene del Espíritu Santo, si se me pregunta el porqué de mi actuación, tengo una respuesta sencilla, pacífica, tranquila; no tengo el problema de convencer al otro, estoy bien convencido de lo que hago y por tanto estoy sereno cuando lo digo; pienso que es lo justo y no tengo mucho que añadir, la cosa sigue adelante.

Cuando una cosa viene del Enemigo, siendo una sugestión, debo convencer al otro, y quedo frustrado y enfadado si el otro no me da la razón; porque no estoy convencido yo mismo, sintiendo ya la coacción en mi interior.

Las razones en las inspiraciones del Espíritu Santo son lineales, mientras que en las sugestiones del maligno son enrevesadas, y normalmente se desvían de las evidencias sencillas y patentes. Es decir, mientras en el primer caso hablamos de una luz que ilumina, en el segundo hablamos de fijaciones, donde desaparecen algunos aspectos de la realidad y uno hace cuadrar a martillazos el razonamiento, porque debe llegar por fuerza a una cosa. Porque, en realidad, esa cosa la ha escogido a priori.

En la inspiración del Espíritu Santo los actos en esta luz solar pueden ser grandes, incluso extraordinarios, pero son de hecho consecuenciales, no trabajan forzando, y se está en la realidad. En cambio, las sugestiones del maligno hablan de bienes hipotéticos aún no alcanzados y no ciertos, poniendo tranquilamente en peligro un bien real, objetivo, ya presente pero menos aparente, que se considera despreciable —mientras la tentación tiene el objetivo de hacernos perder precisamente eso—.

El maligno habla incluso con razonamientos complicados donde basta ver las cosas bajo otro punto de vista para que queden o no justificadas. Una cosa típica de las inspiraciones es que resisten el paso del tiempo: el día después siguen pareciendo luminosas, y al siguiente, y al otro —esto porque llevan en sí una brizna de eternidad—. En cambio, las sugestiones, si se las analiza de nuevo, día tras día parecen tender a desmoronarse, a perder su fuerza y a ser injustificables. En general, cambian continuamente de motivación, no son constantes en su dinámica.

Mientras que las inspiraciones son sencillas pero globales, las sugestiones son absolutizaciones cíclicas de uno u otro aspecto, sobrevaloraciones aleatorias de una parte cada vez diferente de la realidad.

El pensamiento instruido por el Espíritu Santo tiene su autoevidencia, es *«luz para gobernar el día»*, es decir, es soleado, sencillo y honesto. No se tiene vergüenza de un pensamiento del Espíritu.

Por el contrario, el movimiento lógico impulsado por la sugestión conserva algo oculto, tiene una parte impresentable, es luz nocturna, hace moverse en la sombra, esconde su estrategia, o por lo menos tiende a que realicemos acciones que a uno no le gusta declarar completamente.

Si de hecho aparece esta reticencia, este hablar de mala gana de lo que se pretende hacer, o se adquiere la costumbre de no manifestar las propias intenciones, y de hacer cosas tendencialmente en secreto, al menos en parte, ciertamente no es la verdad lo que nos guía.

> *«Pues todo el que obra mal odia la luz y no viene a la luz, para que sus obras no le acusen. Pero el que obra según la verdad viene a la luz, para que sus obras se pongan de manifiesto, porque han sido hechas según Dios»*[14].

---

[14] Jn 3, 20-21.

Quien está siguiendo una sugestión tendrá antipatía a la idea de enfrentarse con un pensamiento crítico, con alguien que le pueda contradecir; y buscará quien le dé la razón, quien no lo ponga en discusión. Y si es obligado a declarar, mostrará una actitud arrogante, agresiva, que tiende a hacer callar al otro.

Incluso precisamente esta actitud revela que estamos apresados por un engaño: el hecho de temer la confrontación con nosotros mismos.

Es impresionante lo refinado del discurso de Dios a Caín, que está incubando el homicidio contra su hermano, a causa de no haber puesto en discusión su mediocre oferta[15]:

> *«Entonces dijo el Señor a Caín: "¿Por qué estás irritado? ¿Por qué andas cabizbajo? ¿No llevarías el rostro alto si obraras bien? Pero si no obras bien, el pecado acecha a la puerta; no obstante, tú podrás dominarlo"»*[16].

Tiene la cara levantada quien tiene luz en el corazón. Quien guarda una mala intención no tiene una postura existencial erecta, no mira a los ojos, está replegado sobre sí mismo, y sobre todo tiene al pecado a su

---

[15] No hay espacio aquí para analizar las dos ofertas, la de Caín y la de Abel, en los vv. 3-4 del cuarto capítulo del Génesis. Pero los detalles del texto indican que el autor nos muestra que Caín, en su relación con Dios, hace un ofrecimiento genérico que parece expeditivo e impersonal —*«ofreció al Señor frutos del campo»*—, mientras que Abel ofrece lo mejor que tiene —*«los primogénitos y la grasa de su ganado»*— con detalles típicos de los más nobles sacrificios rituales. Cfr. Lv 3, 12-16 o Nm 18, 17 como ejemplos, entre muchos otros.

[16] Gn 4, 6-7.

puerta. Tener un mal propósito es la premisa de cualquier tragedia. No pasamos de la nada a cometer actos perversos, violentos, destructivos: hay un pensamiento negro latente, en *stand-by*, no rechazado, que en un cierto momento recobra aliento y nos domina.

Rectas y curvas

Podemos entender cómo se mueven dentro de nosotros las dos instancias, la del Espíritu Santo y la del mentiroso, también desde un esquema espacial, puesto que son dos movimientos.

La sugestión es movida por absolutizaciones inconscientes, y sigue la lógica del maligno, que no por casualidad se le llama *dia-bolos*, palabra compuesta en dos partes, como contra-puesto, ad-versario, el que contrapone, que divide las cosas poniéndolas de través. Podemos representar el impulso sugestionante como una elipse: de hecho, la típica lógica doble y ambigua de la mentira tiene en general dos focos, como sucede en una trayectoria elíptica. Los dos focos son dos instancias contradictorias sobre las que uno comienza a dar vueltas, de la una a la otra, en una cíclica repetición obsesiva. En general, una instancia será la sobrevaloración de un miedo, la otra su infravaloración —todo siempre casi inconscientemente, aunque al final no del todo.

Pongamos unos ejemplos: una sugestión puede tener lugar sobre la base del temor a ser rechazado. Temo ser evitado, ignorado, descartado, no admitido, aunque quizá no lo reconozco, no lo racionalizo. Pero comienzo a seguir las estrategias para ser aprobado, y digo las cosas que los demás quieren oír, hago lo que me da «audiencia», mantengo la postura que agrada a los demás y me rindo a este temor, en la ilusión inconsciente de encontrar así escape a mi soledad.

Pero esto es una absolutización, y por tanto no tiene en cuenta todos los aspectos de la realidad. En efecto, una vez que he sido aprobado, comienzo a sentirme inquieto, comienzo a ver el coste de ese sacrificio al dios «audiencia», y pronto o tarde busco al culpable de mi malestar; y un poco la tomo conmigo mismo, y me siento todavía más víctima de la aprobación de los demás, porque ha desaparecido el otro miedo: el de no hacer lo que me parece, o sea, de ser constreñido; mi ego reivindica su dictadura y comienzo a convertirme en un partisano contra el dispositivo de la opinión ajena. Por tanto, en un proceso que tiene varias velocidades, pongo en acto rebeliones y rupturas contra los que antes secundaba dócilmente, y rechazo desordenadamente mi dependencia, afirmando mi autonomía y corriendo hacia el otro foco de la elipse.

En este punto, obviamente, la autoafirmación se mostrará, después del último alivio liberador, como condición que no satisface: estoy solo, me siento excluido, necesito confirmación, alguien debe reconocerme. Y vuelve el otro miedo. Y vuelvo hacia el otro foco, llego allí, y sufro y vuelvo atrás, y vuelto aquí, estoy mal y vuelvo atrás. Y viajo en la rotación elíptica sin solución de continuidad.

Hemos tomado dos miedos típicos, pero se pueden encontrar otras parejas de miedos; ya se ve que este movimiento contradictorio, diabólico, puede llegar a una velocidad embarazante, y en el mismo discurso una persona puede hacer la rotación todavía más veces. Pero puede ser también lentísimo, con oscilaciones que suponen fases de años, periodos bajo el influjo de sugestiones contrapuestas.

En el lenguaje típico del *ad-versarius* —notando que, en hebreo, adversario se expresa con el término *satán,* que en sí quiere decir *acusador*— los dos polos fundamentales de la elipse son la adulación y la acusación. El denigrarse a sí mismo sin compasión, o la complacencia victimista de propio ego. Absolutizaciones. Lógicas parciales.

En el otro caso, el esquema espacial de las inspiraciones puede deducirse analizando su actividad —diferente pero no simétrica—: si el maligno acusa y adula, el Espíritu Santo consuela y corrige. Pongamos dos ejemplos: si yo hago una estupidez —cosa que no es rara— el maligno me acusará, desencadenando el mecanismo autodestructivo y ciego de callejón sin salida, llevándome a la desesperación o a la retirada. En cambio, el Espíritu me corregirá, me ayudará a reconocer el error cometido, pero me «sostendrá», me devolverá al camino. Me explicará el modo de no repetir la estupidez pasada. Me dejo corregir, camino mejor, aprendo. La acusación conduce a la esterilidad, la corrección es constructiva.

Ejemplo inverso: si alguien me hace mal, el maligno me adula, me victimiza y me repite frases interiores del tipo: «¿Precisamente a ti? Pero, ¡¿cómo se han atrevido?! ¡Tú no mereces esto!». Con variadas reivindicaciones y lamentos por el mal recibido, me hincha dentro la instancia justiciera y me recuerda el pensamiento de lo sucedido, y me reitera en el rechazo. Y sigo dramatizando ese hecho.

Por el contrario, la inspiración me consolará, me invitará a entrar en relación con el Padre sobre este hecho, estará conmigo y me dirá: «Estoy aquí, no te dejo, en este hecho me puedes encontrar». Y me ayudará a volver a caminar, a valorar la cosa y buscar el modo de crecer en esta tribulación.

En síntesis: si el movimiento de las sugestiones es elíptico, cíclico, repetitivo, en general centrado sobre el rechazo de la cruz, el movimiento de las inspiraciones es recto, constructivo, invita a crecer. En una palabra: es un movimiento pascual. Va más allá.

La elipse sugestionada encierra en la soledad de la obsesión de los propios miedos; la línea pascual inspirada abre al más allá y a la relación.

Cuando Jesús anuncia la cruz, Pedro reacciona según sugestión:

> *«Desde entonces comenzó Jesús a manifestar a sus discípulos que él debía ir a Jerusalén y padecer mucho por causa de los ancianos, de los príncipes de los sacerdotes y de los escribas, y ser llevado a la muerte y resucitar al tercer día. Pedro, tomándolo aparte, se puso a reprenderle diciendo: "¡Dios te libre, Señor! De ningún modo te ocurrirá eso"»*[17].

«Dios te libre». Según el sistema religioso de Pedro, Dios sirve para evitar los obstáculos, Dios nos libra, porque los obstáculos son cosas que no deben suceder.

---

[17] Mt 16, 21-22.

Claramente Jesús revela que no es Pedro el autor de ese pensamiento:

> *«Pero él se volvió hacia Pedro y le dijo: "¡Apártate de mí, Satanás! Eres escándalo para mí, porque no sientes las cosas de Dios, sino las de los hombres"»*[18].

«Eres escándalo para mí», que en griego quiere decir *obstáculo,* es decir: no me hagas desviarme, no me dificultes llegar a la meta.

En efecto, cuando Jesús se acerca a la cruz tiene otra actitud, que podemos ver, entre otros muchos lugares, en un pasaje del Evangelio de Juan:

> *«La víspera de la fiesta de Pascua, como Jesús sabía que había llegado su hora de pasar de este mundo al Padre, habiendo amado a los suyos que estaban en el mundo, los amó hasta el fin»*[19].

Pasar al Padre, como clave de la cruz que se avecina; y tender al fin, a hacer las cosas hasta el final, y no perder el amor como horizonte de los hechos

Las inspiraciones tienden a la meta, al amor, al Padre celestial.

En suma: si se debe recomenzar, las sugestiones son muy perjudiciales. Las inspiraciones son el punto de apoyo de un recomienzo limpio, hermoso. Algunos

---

[18] Mt 16, 23.
[19] Jn 13, 1.

nuevos inicios son falsos, porque están basados en la reivindicación y la ira, y mientras parecen una nueva fase, en realidad son el capítulo siguiente de la vieja. Ese es el peligro: no recomenzar, sino repetir.

Puestos de control

Intentemos describir un ejercicio para comenzar a orientarnos en este reconocimiento interior que nos ofrece el cuarto día. Ya hemos dicho: los consejos que proporciona este libro son para quien está comenzando, se habla de una fase de orientación, y no son otra cosa que el primer paso. No son de ningún modo originales, son tradiciones comunes y deberán utilizarse comúnmente. Pero son esenciales y útiles en cualquier nivel.

In primis es altamente oportuno ejercitarse en la *verificación de los pensamientos*. ¿Cómo hacerlo?

La respuesta ya está en la pregunta: para verificar los pensamientos hay que verificar los pensamientos. ¿Pero soy tonto? No, al menos no en este caso. El punto es que interrogar los pensamientos, en la espiritualidad, es técnica eficaz en sí misma.

Pongo un ejemplo: si en la calle del centro de Roma, donde por ahora la Iglesia me ha colocado, la Policía instala un puesto de control para revisar documentos y personas, desde mi ventana veré que hay algunos que, en cuanto se dan cuenta de que los documentos van a ser controlados, se dan la vuelta y se van. O no quieren ser identificados, o sus documentos no están en regla. Esas personas no me han dicho nada, pero puedo sospechar que hay algo que no cuadra. En cambio, las personas que están en regla seguirán su camino y, si las paran, mostrarán los documentos sin problemas.

Si pongo la aduana, si readmito al portero en la casa de mi consciencia, como ya he dicho, en este nivel, muchas sugestiones serán apartadas o identificadas.

¿Qué preguntas debo formularles a los pensamientos? San Ignacio, entre las miles de cosas extraordinarias que consigna en los Ejercicios, dice, usando la distinción entre *ángel bueno* y *ángel malo*:

> «*Debemos prestar mucha atención al curso de los pensamientos: si el principio, medio y fin es bueno y tiende a todo bien, es señal del ángel bueno; pero si en el curso de los pensamientos advertís que va a terminar en cualquier cosa mala o que distrae, o menos buena que esa que el alma se había antes propuesto hacer, o la enflaquece o inquieta, o conturba el alma, quitándole la paz, tranquilidad y quietud que antes tenía, es claro signo de que esto procede del mal espíritu, enemigo de nuestro progreso y salvación eterna*»[20].

Esas son las primeras preguntas: ¿de dónde nace, qué medios emplea? Y, sobre todo, ¿adónde me lleva este pensamiento?

Cuidado: en el primer análisis es mejor dejar aparte el contenido del pensamiento mismo, y estar más atento a cómo se mueve, de dónde viene y adónde va.

---

[20] Ignacio de Loyola, *Ejercicios Espirituales*, n.333.

Muchas veces, ayudando a las personas en sus discernimientos, he gastado tiempo en preguntar: cuéntame en qué circunstancia te sobrevino esta idea. La circunstancia y el análisis de las percepciones originarias de un pensamiento pueden dar bastante luz. Puesto que todos los objetos mentales nacen de las percepciones, vale la pena hacerse preguntas sobre los distintos sentidos, del tipo: ¿he visto esto de verdad o me he hecho una película? ¿He oído con mis propios oídos esta noticia o es un rumor? ¿Son manipulaciones de esto que se me ha metido en la cabeza?

Y aún: ¿soy libre o estoy presionado, cuando se inicia esta línea mental? Ya el hecho de que algo me presione, se imponga, me obligue a pensarlo, levanta sospechas de que sea asunto poco fiable.

Repitamos: el Espíritu brota en lo profundo de modo limpio, mientras que la mentira se impone.

Por tanto: el modo de moverse es revelador de la misma sustancia de los pensamientos, mientras que tendemos a partir de los contenidos.

Pero, en segundo lugar, el contenido hay que mirarlo. Si una cosa implica o lleva a lo que está explícitamente fuera del amor, fuera de la sabiduría cristiana, fuera de los mandamientos de Dios, no hay nada que hacer: es un engaño. Nunca el mal es camino para el bien. En ningún caso. Fuerte, pero utilísimo. Leamos un punto del Catecismo para salir de las arenas movedizas del relativismo:

> «*El acto* moralmente bueno *supone a la vez bondad del objeto, del fin y de las circunstancias. Una finalidad mala corrompe la acción, aunque*

su objeto sea de suyo bueno (como orar y ayunar para ser visto por los hombres).

El objeto de la elección *puede por sí solo viciar el conjunto de todo el acto. Hay comportamientos concretos —como la fornicación— que siempre es un error elegirlos, porque su elección comporta un desorden de la voluntad, es decir, un mal moral.*

Es, por tanto, erróneo juzgar de la moralidad de los actos humanos considerando solo la intención que los inspira o las circunstancias (ambiente, presión social, coacción o necesidad de obrar, etc.) que son su marco. Hay actos que, por sí y en sí mismos, independientemente de las circunstancias y de las intenciones, son siempre gravemente ilícitos por razón de su objeto; por ejemplo, la blasfemia y el perjurio, el homicidio y el adulterio. No está permitido hacer el mal para obtener un bien»[21].

Una sugestión tenderá a justificar el mal como necesario, como poco dañoso. Recordemos cómo habla el señor mentira:

«La mujer respondió a la serpiente: "Podemos comer del fruto de los árboles del jardín; pero Dios nos ha mandado: No comáis ni toquéis el fruto del árbol que está en medio del jardín, pues moriríais". La serpiente dijo a la mujer: "No moriréis en modo alguno; es que Dios sabe que el día

[21] Catecismo de la Iglesia Católica, 1755-1756.

que comáis de él se os abrirán los ojos y seréis como Dios, conocedores del bien y del mal" »[22].

El dietista de mis sueños: el dulce no engorda. El mal no hace daño.

Mentir construye, traicionar mejora la relación, no hablar claramente salva las relaciones, asustar educa, hablar a espaldas es útil, manipular las informaciones crea confianza, robar es necesario, agredir aumenta la autoestima, no rezar es irrelevante, la deshonestidad no tiene consecuencias, los favoritismos ayudan a la comunidad, las violaciones hacen bien, las prevaricaciones hacen funcionar mejor las cosas y la violencia es útil.

Cómo lo diría: tirarse debajo del tren es saludable.

Sí, todos, por última vez.

Hay adoradores del «*cuando se quiere, se quiere*» que, sin embargo, no tomaría como maestros del amor. Y si el amor es la única cosa por la que vale la pena vivir, ¿qué demonios significa eso?

Si paso los pensamientos por el *scanner* preguntándome si estoy usando o tolerando el mal como medio, saltan a la vista varios engaños.

Ninguna ambigüedad: un pecado no puede ser el camino para reconstruir nada.

¿Y luego? Luego, como ya hemos visto, intento verificar si estoy dispuesto a enfrentarme con lo que estoy pensando: pero no con el amigo *yes-man,* el amigote,

---

[22] Gn 3, 2-5.

sino con un guía, una persona que me sabe criticar, que tengo pruebas porque recuerdo que ya lo hizo, que lo sabe hacer de verdad. Y en el caso de que piense que no me conviene hablarle de eso, mala señal...

Otro parámetro imprescindible es la comunión con las personas. Es peligroso seguir pensamientos que no tengan en cuenta la comunión, la construcción de las relaciones, de crecimiento en la conexión con los demás. La defensa de la comunión es, en general, una inspiración; la afirmación de una actividad que se realiza a toda costa, a pesar de la comunión, es en general una sugestión: si tengo razón pero destrozo la comunión, me guía el *dia-ballo;* si por el contrario, renuncio a mi tener razón por salvar la comunión con un hermano o con la comunidad, eso viene del Espíritu Santo.

En Roma se dice que la razón es de los tontos. Me parece que Cristo tenía razón, y sin embargo la dejó a un lado y, mientras le crucificaban, decía: «*Padre, perdónalos porque no saben lo que hacen*»[23], esto es, son inconscientes, hacen cosas sin contacto con el corazón, sin consciencia, sin plena percepción. Como nos pasa a todos tantas veces.

Muy cierto: la razón es de los tontos, la comunión es del Espíritu Santo.

Si en un matrimonio no se elige muchas veces la comunión en vez de la razón, qué mala vida se vive.

Verificar si lo que pienso hacer es un acto contra la comunión es esencial para desenmascarar los pensamientos. San Pablo dice:

---

[23] Lc 23, 34.

«Si es posible, en lo que está de vuestra parte, vivid en paz con todos los hombres»[24].

No será siempre posible lograr estar en paz con todos, pero siempre es posible hacer lo que depende de mí.

El ejercicio de hacerse estas preguntas se hace siempre que conviene; en realidad, deberemos tenerlo latente en nuestra conciencia, y hacerlo con cada pensamiento...

Pero es prudente por lo menos obligarse con frecuencia a hacer un parón, para realizar esa verificación. Sería esto el examen de conciencia, que no es el ábaco de los pecados, sino, a la letra, el examen de la conciencia: hago silencio, me dejo calmar en la oración, leo los Salmos que la Iglesia me brinda en ese momento, acojo la Palabra de Dios de este día, me dejo resetear y abro el corazón al Señor Jesús, y al Padre de la misericordia que me lo ha enviado como Salvador, y pido luces al Espíritu Santo para examinar lo que llevo dentro. Veo los pensamientos «fuertes», los que me han sido impuestos o me han brotado dentro, y ya esto me hará entender mucho. Porque, recordémoslo, inspiraciones y sugestiones parten de fuentes distintas, más que espacialmente, existencialmente.

Y digo: pero ¿cómo ha surgido este pensamiento? ¿Qué camino ha tomado? Y al final, ¿dónde quieres ir a parar si lo sigues? ¿Cuál es su fin?

Y aún: ¿usa el mal como vía? ¿Es del tipo: «*El fin justifica los medios*»?

¿Me mantiene en mi misión o me quiere hacer salir del camino de lo que sé que es bueno?

---

[24] Rm 12, 18.

Acudimos a los tres primeros días: ¿respeta las primeras evidencias? ¿Está de acuerdo con mis prioridades? ¿Acaso me hace rechazar mi límite?

Además: ¿este pensamiento me lleva a la comunión, o la destruye?

Si un pensamiento logra sobrevivir a esta ráfaga de preguntas, en un primer nivel —y solo en un primer nivel— se puede acoger.

Después de un periodo de tiempo de perseverancia quedan aclarados.

Y se vive mucho mejor.

Queriendo ir más allá…

¿Y qué más?

Se trataría de otro capítulo, ulterior, más profundo, de segunda fase. Se decía que todo lo que acabamos de tratar se refiere a la primera aproximación, desde la que recomenzar. Pero luego tendremos que continuar… hasta que estemos en el ámbito de la clara oposición entre luz y tiniebla, entre vida y muerte. Este nivel no desaparece nunca, está siempre en auge. Pero es solo el inicio, porque vendrá el gravísimo capítulo siguiente del falso bien.

¡Socorro!

Esto es más pernicioso. ¿Lo dejamos para otro libro? Hagamos al menos una mención. Algo así como un pequeño adelanto.

Algunos, en efecto, piensan que, si una cosa es buena en sí, se acaba entonces el discernimiento, se puede dormir tranquilo. Pero ¡qué va!

Hay al menos dos perspectivas que considerar.

La primera: que la sugestión sabe incluso presentarse como voluntad de Dios. Pero está falsificada, es una inspiración *hecha por ti*, el *bricolaje* de la sabiduría. Los campesinos piamonteses dicen que «*el rojo se hace en la viña, el blanco en la cantina*». Óptima cosa para el vino —soy un degustador entusiasta de buenos blancos— pero no para la verdad: hay pensamientos que salen de la viña, del ambiente natural, recto, y también otros que se construyen en la cantina: las cosas que se mezclan por compromiso. Los razonamientos artificiales, las obras que no son obediencia a la realidad.

En el Génesis, del capítulo 16 en adelante, tenemos una parte trágica de la historia del patriarca Abrahán que se traga la histeria de su mujer Sara, en plena ansiedad, tipo «reloj biológico en fase final». Y resulta un desastre indescriptible en el que, visto que ella es viejita, acciona un vientre de alquiler *ante litteram* y consigue dar un hijo a Abrahán con su esclava.

Con las categorías bíblicas se focaliza en Sara el prototipo de mujer de treinta y nueve que se autoconvence de haber encontrado el hombre de su vida justo a tiempo; de biotécnica milagrosa que permite tener un hijo, aunque destruya ocho embriones; de «la mujer de mi vida» encontrada a los 62 años, mucho pero mucho más excitante que una esposa de largo curso. De gente que a los 58 años se enfunda los pantalones vaqueros.

¿Cuál es el tema? Es la falta de capacidad para aceptar los noes de la vida, como ya hemos visto en el tercer día.

En la historia de Génesis 16, estamos ante el primer vientre de alquiler de la historia: Agar, la egipcia, esclava de Sara, es usada para ser fecundada por Abrahán, y nace Ismael. Todo el texto, desde aquí en adelante, transmite una idea de forzamiento. De compromiso, de confusión.

Ismael es un plato combinado genético, entre el patriarca del pueblo elegido y una egipcia. De ahí que tenga que venir Isaac, que nace de Abrahán y Sara, fruto de las promesas que Abrahán había recibido desde el principio. Pero la gestión del asunto será un desastre infinito: choques, violencias, pérdidas. Y un pobre niño se encontrará con un destino belicoso, antagonista.

¿De qué nace Ismael? De un deseo humano, fruto de la psicología. Sustituir la voluntad de Dios por nuestros deseos es un lío, ¡hay que verlo claro!

Ismael será un fabricado, un forzamiento, y la voluntad de Dios nunca es así.

Uno de los pilares fundamentales de la espiritualidad de un coloso de la caridad, san Vicente de Paúl, se sintetiza en las siguientes palabras: «*Las obras de Dios se hacen por sí mismas*». Leamos algunos de sus escritos:

> «*Las cosas de Dios se hacen por sí mismas, y la verdadera sabiduría consiste en seguir paso a paso a la Providencia.*
>
> *Incluso las buenas obras se malogran porque se actúa según las propias inclinaciones, las cuales arrastran al espíritu y la razón, hacen ver el bien deseable como factible y necesario, cosa que en realidad no es; y eso se muestra enseguida en los fracasos inevitables. El bien que Dios quiere se hace como por sí mismo, sin que nos demos*

cuenta. Es así como nació nuestra Congregación; así comenzaron los ejercicios de las misiones y de los ordenandos; así se formó la Compañía de las Hijas de la Caridad; así se instituyó la de las Damas para la asistencia de los pobres del Hôtel-Dieu de París y de los enfermos de las parroquias [...] y así, en suma, salieron todas las obras, de las que ahora nos ocupamos. Nada de todo esto responde a un diseño nuestro. Pero Dios, que quería ser servido con estas obras, las ha suscitado él mismo sin que nos diésemos casi cuenta; y si se ha servido de nosotros, no por eso sabíamos nosotros adónde nos llevaría; y por esa razón lo dejamos hacer, bien lejos de preocuparnos por el desarrollo, y mucho menos por el comienzo de estas obras. [...] Hay cosas en las que no debemos actuar sino pasivamente.

Las obras de Dios no se hacen cuando nosotros deseamos, sino cuando le place a él»[25].

Las cosas grandes a las que Dios nos llama tienen su propia naturalidad, no fuerzan la realidad, no salen tirando del cuello, van adelante por su lógica interna, basta seguirlas, salen con su propio ritmo, el trabajo que implican está bien empleado. En cambio, Ismael es un compromiso, creará tensiones, porque las dos mujeres se disputarán la primacía. Ismael producirá inquietudes respecto al futuro: «¿Qué será de este niño? ¿Deberá ser expulsado?». Ismael es hijo de un

---

[25] San Vicente de Paúl. *Perfección Evangélica*. (La traducción es nuestra).

deseo que partió del hombre. Una cosa de la que estaban convencidos, pero era la voluntad de Dios comprada en *Leroy Merlin*.

Cuando en el capítulo 21 nazca Isaac, hijo de la promesa, un don, una verdad, no un compromiso, él no será parcialmente bueno sino bueno del todo. Hijo de Abrahán y Sara, Isaac hace sonreír, este es el significado de su nombre, da paz, libera, es un regalo, es la fidelidad a la memoria, es fruto de la relación con Dios.

Por tanto, hay que estar atentos a estas obras de autonarración en que, partiendo de la ansiedad, tomamos las cosas de Dios, como Sara hace con Abrahán, y las mezclamos con cosas extrañas, para creernos que hemos hecho la voluntad de Dios, simplemente porque los ingredientes eran biológicos…

Una pregunta para hacernos en caso de encontrarme en medio de la confusión: ¿no me estaré bebiendo el famoso cóctel «*Ismael*»?

Y este es el primer aspecto del segundo nivel.

El otro es cuando se desencadena un cierto tipo de furia: la de estar poseído por la guerra santa. La ira a propósito de las cosas sagradas. Cuando se «*debe*» combatir por las cosas de Dios.

Una cosa es decir la verdad y no ser cobarde, y otra es la furia ansiosa por lo sacrosanto.

Un axioma: si debes defender las obras de Dios, ya no son de Dios, te las has apropiado. Dios se defiende estupendamente él solo.

Nos puede pasar a todos, por desgracia, mostrar una fe agresiva, combativa, sin embargo, Dios se defiende solo. La fe no vence al mundo con la espada, sino con el amor. Con la espada se han producido desastres. Cuando saques la espada para defender una cosa «*buena*», ¡calma! ¡Te estas enfadando demasiado! ¡Es un asunto demasiado ligado a tu ego! Estas visceralidades no tienen nada que ver con el Espíritu Santo.

Por tanto. el segundo nivel de análisis de las sugestiones y las inspiraciones implica, *in primis,* pasarlos por el tamiz de los compromisos, de los forzamientos y de la agresividad. Pero esto es solo un jirón inicial, aunque a un oído inexperto pueda no parecerle así.

Como conclusión de este cuarto día: hay una luz honesta y constructiva en nuestro corazón, pero hay también una luz nocturna, solapada y destructiva. No es verdad que todo sea igual.

> «*Hay dos caminos, el de la vida y el de la muerte, y grande es la diferencia que hay entre estos dos caminos*»[26].

---

[26] *Didaché*, 1,1.

DÍA QUINTO

El don de la bendición

La mejor vida para vivirla, la tuya.

«Dijo Dios: "Que las aguas se llenen de seres vivos, y que vuelen las aves sobre la tierra surcando el firmamento del cielo". Y Dios creó los grandes cetáceos y todos los seres vivos que serpean y llenan las aguas según su especie, y todas las aves aladas según su especie. Y vio Dios que era bueno.

Y los bendijo Dios diciendo: "Creced, multiplicaos y llenad las aguas de los mares; y que las aves se multipliquen en la tierra".

Hubo tarde y hubo mañana: día quinto»[1].

¿Qué novedad aparece en este día quinto? Nada menos que la vida. Hasta ahora existía el escenario cósmico, el horizonte del espacio que se va organizando, y la zona franca de la tierra por el exuberante florecer de la vegetación, regulado por la luz del día y la de la noche.

---

[1] Gn 1, 20-23.

Y antes de que seamos introducidos los inquilinos de la tierra, aparece la vida en las aguas y en los cielos. Los peces y los pájaros. El comienzo de la vida.

En este día, Dios hablará dos veces: en el primer caso para inaugurar la vida biológica. En la segunda, para bendecir, y es la primera vez que Dios lo hace.

Es como si la vida estuviese entre dos palabras. La segunda es una solemne bendición, que tiene como contenido la fecundidad, pero la primera es, según hemos visto:

> «*Que las aguas se llenen de seres vivos, y que vuelen las aves sobre la tierra surcando el firmamento del cielo*».

Es una orden, no una invitación. La vida es una palabra de Dios, un decreto suyo ineluctable, una decisión suya.

Recomenzar, reconstruir, comenzar por el principio, es una fase que implica la elección de los actos más sanos, más constructivos y, sobre todo, más reales, auténticos.

No se recomienza desde las utopías. No desde las pretensiones.

Como acabamos de ver en todo el gran combate de las inspiraciones contra las sugestiones, hay un reto neurálgico a estar en la verdad, en la realidad.

Ya hemos debido afirmar en otra parte una cosa que no se puede pasar por alto: la vida no es como la pensamos nosotros, como la proyectamos, la vida es como es.

Si tienes branquias eres pez, si tienes alas, en general, pájaro. Si eres bajito no vas a las olimpiadas para el salto de altura, si eres desgarbado no conseguirás el oro en los cien metros lisos. Si desafinas, no te metas en la escuela de canto, y si eres calvo no te presentes para la publicidad del champú. No busques producción propia de sobrasada en Irlanda. Si abres una tienda de chorizos en Teherán, probablemente quebrarás. Más aún, si desafinas escucha los conciertos, no des uno: en general en los conciertos hay uno que canta y muchos que escuchan, la relación numérica indica que no debe ser tan desagradable escuchar un concierto. Mejor ir sobre seguro: la sobrasada en Baleares, el chorizo en León... Es un hecho. Acéptalo.

La vida —lo hemos visto en el tercer día— dice algunos «noes», pero ahora debemos ver la cosa más importante: que dice algunos «síes».

Sobre estos «síes» está bastante difundida la distracción. Porque se descuida una de las mayores perlas de sabiduría que el saber humano haya producido y que en estas páginas estamos a punto de manifestar. ¿Estás preparado para el éxtasis? ¿Para el estupor? ¿Para la maravilla?

Aquí está la luz: si buscas lo que no existe, es difícil que lo encuentres.

Porque no existe.

Si en cambio buscas lo que existe, puedes acabar encontrándolo, porque existe.

Nunca, y repito nunca, apodícticamente, con imperial certeza reitero esta absolutización: nunca encontrarás lo que no existe. ¿Por qué? Porque no existe.

¿No es genial?

¿Conseguiremos arrastrar al lector a esta atrevida aventura, a este irreverente desafío? ¿Cuál? El de ponerse a buscar lo que existe. ¿Quién será tan audaz para partir al viaje de la realidad?

Se necesita valor, más que nada porque lo hacen pocos. Incluso nosotros los cristianos, pioneros de la existencia, lo hacemos poco. Navegamos con gusto en el caldo dulzón del absentismo, de las expectativas, de las proyecciones, de las hipótesis, y sondeamos raramente el mar de lo real.

Pero para poder entrar en esta aventura, debemos desbloquear un freno de mano interior, que muchos tienen echado. ¿Es decir? Ese tipo de inhibición latente por el que se *justifica* el propio derecho a vivir. En cierto sentido, paradójicamente, no vivimos, pero nos justificamos.

Debería intentar vivir con lo que me encuentro que soy, y en cambio me concentro, como la mayoría de la humanidad, en modelos externos, en parámetros de todo tipo, que en la Escritura se llaman *ídolos*; así me doy a la violencia sin cuartel sobre mi pobre material humano para adherirme al modelo descubierto y afirmar mi derecho a vivir.

Y toda la vida será el recital de ese guion.

Como máximo, después de tanta masacre y opresión, probaré a cambiar de guion…

¡Alegría!

El texto del quinto día contiene la solución. La vida es una decisión de Dios, y Él la bendice. No me corresponde la tortura de mí mismo para justificar que existo, y por tanto no me compete valorar mi derecho a vivir. Y obviamente, tampoco valorar el derecho de otro a vivir. La vida no se escoge. Se acoge. De otro modo comienza el delirio, antes mencionado, que parte de los modelos hegelianos y de las hipótesis que pasan por verdaderas para llegar derechos, derechos, a Auschwitz. Campos de concentración exteriores, interiores, culturales, relacionales. Alguna vez, también eclesiales.

Todos los conformismos son rechazos de la realidad en nombre de un modelo. Todas las ideologías son renuncia al estado de las cosas. Todos los proyectos, incluso a veces pastorales, navegan al filo de la violencia contra el fluir de los hechos.

Hay una frase oral atribuida a Hegel que quiero reproducir aquí como una especie de exorcismo:

> «*Si los hechos no concuerdan con la teoría, tanto peor para los hechos*».

Parece que lo dijo después de que le informasen de la existencia de un planeta, Urano, que no esperaba que existiese, y esto contestaba a su teoría de que solo podían existir seis planetas en el sistema solar. Es como decir: tanto peor para Urano, que sepa que no existe.

Lo haya dicho o no, le corresponde, y corresponde al desastre que ha desencadenado, el de que la idea vale más que la realidad —una convicción que en psiquiatría sería definición de estado psicótico— pero que en filosofía ha tenido la más acreditada ciudadanía y ha generado el marxismo, el nazismo, y todas la ideologías opuestas o semejantes. Y el Gulag, y las opresiones del pueblo chino bajo Mao Zedong, y tantos otros.

Detrás de las ideologías, de los proyectos y las teorías, estamos nosotros, los mortales. En cambio, detrás de la realidad está el Padre celestial.

Esta no es una banal afirmación de un creyente. No va por ahí el discurso.

Esta es la vía de salida de la tortura que el hombre se inflige a sí mismo, tratando de justificar su derecho a existir. Este es el final del maltrato a nuestro corazón y al de los demás.

¡Cuántas batallas inútiles para tratar de parecer bien por medio de costosísimas operaciones de cirugía plástica existencial, hechas a base de competiciones, de comparaciones, de derrotas pronosticadas! ¿Al fin y al cabo, contra quién? Contra la realidad. Contra la vida.

Pongamos entonces esta ancla de salvación en nuestra tendencia a la deriva, y dirijámonos felizmente contra este escollo imponente y determinante: la vida es un decreto de Dios, estoy vivo por voluntad de Dios.

Pongo en el fondo de mi ser el peso de esta cosa sobre la que puedo descargar el baricentro. En el fondo, lo sé desde siempre: no es posible que yo sea un evento fortuito. Es precisamente por eso por lo que me torturo, porque aspiro a una dignidad auténtica. Siento que me corresponde. Pero de ese punto parte un olvido demoníaco acerca de mi origen: no he pedido yo existir, sino que lo he recibido. Y sin embargo lo olvido, y actúo como si yo me debiese pagar la entrada, pero ya estoy dentro, ya estoy en el asunto.

He olvidado que tengo el código pin por naturaleza. Porque existo. Me rompo los sesos tratando de recordar la *password* de la vida, pero esto es un *hot-spot* abierto, que ya me ha dado acceso.

¿Cómo recomenzar, si no creo que me corresponda a mí hacerlo? ¿Cómo ha hecho Israel para escribir este fabuloso canto a la vida que es el primer capítulo de la Biblia, a pesar de estar en una fase desastrosa, sino reconociendo esta evidencia y fundándolo todo sobre ella?

Lo que hay que hacer entonces es estudiar el mapa de nuestra singladura. La vida es bendita, es para acogerla, no para ponerla en tela de juicio.

Entonces, por fin, partimos en búsqueda de lo que existe.

¿De qué estamos hablando? Creo que un ejemplo puede ayudar.

Al final de un encuentro del curso que imparto sobre los Diez Mandamientos, sería hacia 2009, se me acerca un grupo de chicos con cara seria. Me hablan de un amigo, joven como ellos, que ahora no puede moverse porque tiene esclerosis lateral amiotrófica, la famosa ELA.

Y me hacen la fatídica pregunta: «¿Cómo le podemos ayudar? ¿Qué podemos hacer por él?».

«¡Qué egocéntricos! —respondo—, ¡el problema no es lo que debéis hacer vosotros! ¿Y si en vez de mirar a lo que este chico no tiene, lo miráis a él verdaderamente?».

Quedaron pasmados. Y continué: «¿Por qué lo veis como un problema y no como una oportunidad?». Y les expliqué que, desde la cruz, verían el mundo desde la perspectiva de la sabiduría, y que este amigo era un regalo para ellos. Estaban delante de mí boquiabiertos.

Les propuse ir a hablar de uno en uno con él, sobre los problemas personales que tuviesen, y someterle a su juicio sus cuestiones afectivas, relacionales, y lo que fuese.

«¿Por qué no lo aprovecháis? Es un regalo que el Señor os hace. ¿Por qué no os redimensionáis con lo que él está viviendo? Quién sabe cuánto lo necesitáis, todos vosotros».

Lo probaron.

Me dijeron después que había cola. Todos querían hablar con él. Tenía una visión sorprendente de las cosas.

He leído un breve libro escrito por un hombre, Carlo Marongiu, que padece esa misma enfermedad. Escrito con la máquina que lee el movimiento de los ojos. Se llama *Pensieri di uno spaventapasseri* [Pensamientos de un espantapájaros][2]. Además de increíblemente profundo, hace incluso sonreír, también por la divertida ironía que muestra. Hay algo grandioso en ese libro. Es la historia de un hombre que busca lo que hay y lo encuentra. Se fue al Reino de los Cielos en 2008, había una multitud en su funeral. Hablamos de una persona que ha dejado una herencia de paz, de alegría, de amor a la vida.

---

[2] Es un libro editado por el autor. Para pedirlo hubo que escribirle a Carlo Marongiu, viale Emilio Lussu, 13. 09070 Narbolia (OR).

Hay un mar de gente sana, que de paz y alegría no sabe nada. Y sin embargo está llena de cosas hermosas en su corazón.

El primer asalto al ejercicio que haremos en este día es el de comenzar a mirar de arriba abajo nuestra vida, y desde el nacimiento hasta hoy recorrer los dones recibidos. Tantos. Innumerables. De tantos tipos.

Naturales y sobrenaturales.

Con calma, comienzo a hacer una lista, que habrá que actualizar constantemente, encabezándola con: *cosas que hay en mi vida*.

Prueba a decirlo, a releerlo, a confesarlo, admitirlo. A hablar de eso con Dios. Y si te ayuda, coméntalo también con quienes tienes alrededor. Y comenzamos así a ver lo que hay.

Esto da luz, y activa una consciencia que nos abre a la gratitud. Volveremos más adelante sobre este ejercicio, pero es bastante importante descubrir qué hay y darle voz.

Es hermoso si un padre te dice: mi vida es bella porque estás tú. Lo es también si una mujer te dice: mi vida es bella porque estás tú. Y si una hermana reconoce: mi vida es bella porque estás tú. Como niños. Felices con lo poco, que no es poco, que es en cambio lo que cuenta.

Una vez me dijo un hombre: cuando una vez tuvimos que repartirnos mi mujer y yo un panecillo, porque solo teníamos uno, ese panecillo sabía a gloria. Y hablábamos de todo y no terminábamos. Hoy hemos comprado la casa a los hijos, yo veo la televisión en el salón y ella en la alcoba. La vida hoy es mucho más triste.

He visto africanos alegres y suecos disgustados. Los primeros pueden estar mortalmente cansados y no llegarán nunca a tener ni de lejos la mitad de lo que un sueco tiene sin hacer nada. Pero he visto gozar a los primeros con cosas que en general nosotros tiramos. A los otros los he visto tirarse a sí mismos.

Pero no estoy dando una reprimenda o señalando culpables. Solo sugiero que abramos los ojos. Y nos fijemos en que, si un enfermo de ELA tiene una aventura que vivir, quiere decirse que todos tenemos una aventura que vivir.

Y subrayamos la segunda palabra que Dios pronuncia, que es una bendición.

¿Para qué nos sirve recordar esto?

En cierto sentido el problema es iniciar la fase verdaderamente positiva de nuestra reconstrucción, y esta implica un campo de acción. Hemos ya tocado este tema en el primer día, y hemos citado el ejemplo del buen cocinero, que es el que se inventa un plato con lo que encuentra en la nevera. En ese contexto se hablaba de no despreciar nuestra pobreza, y llegábamos a abrirnos, en el asunto del caos, a nuestra miseria como el lugar en que Dios quería obrar con nosotros.

Ahora estamos en una fase ulterior: aquí no se trata ya solo de aceptar nuestra pobreza, sino de abrazar nuestra riqueza.

«... HE APRENDIDO A SER RICO...»

Es un pasaje de san Pablo un poco peculiar:

«He aprendido a vivir en la pobreza, he aprendido a vivir en la abundancia, estoy acostumbrado a todo en todo lugar, a la hartura y a la escasez, a la riqueza y a la pobreza»[3].

Bueno, aprender a aceptar la pobreza, aprender a no perder el ánimo en tiempo de hambre y de indigencia, me parece una escuela seria, exigente.

Pero aprender a ser rico, a tener de todo, y abundante... esto me parece que no es algo que haya que aprender: si me pones en esas circunstancias, pienso que quizá puedo improvisar, y arreglármelas bien.

Y no es verdad.

Aquí se trata de una escuela con pocos alumnos. La escuela de la gratitud.

Hay un relato en el Evangelio de Lucas, que es emblemático[4]:

«Al ir de camino a Jerusalén, atravesaba los confines de Samaría y Galilea; y, cuando iba a entrar en un pueblo, le salieron al paso diez leprosos, que se detuvieron a distancia y le dijeron, gritando: "¡Jesús, Maestro, ten piedad de nosotros!". Al verlos, les dijo: "Id y presentaos a los sacerdotes". Y mientras iban quedaron limpios. Uno de ellos, al verse curado, se volvió glorificando a Dios a gritos, y fue a postrarse a sus pies

---

[3] Flp 4, 12.
[4] Lc 17, 11-19.

dándole gracias. Y este era samaritano. Ante lo cual dijo Jesús:

"¿No son diez los que han quedado limpios? Los otros nueve, ¿dónde están? ¿No ha habido quien volviera a dar gloria a Dios más que este extranjero?". Y le dijo: "Levántate y vete; tu fe te ha salvado"».

El juego de palabras es notable: *limpios* —que quiere decir curados— están los diez, pero solo uno es *salvado*. El que agradece. Ese que ha entendido profundamente lo que le ha sucedido.

De hecho, es interesante que solo un extranjero es el que viene alabando, y vuelve para dar gracias.

Como sucede con los turistas: Roma la visitan solo los extranjeros. Nosotros, los romanos, propiamente no la captamos. Se ven nipones enseñando toda la dentadura por el gozo que experimentan en esta ciudad, y nosotros caminamos con la cabeza baja, y nos parece todo igual. Para ver las cosas hay que ser alegres excursionistas de la vida.

Como los huéspedes, que el primer día dan las gracias por todo. Luego, poco a poco, dan por descontado lo que hay, y quizá incluso les tienes que llamar la atención, porque se apropian de lo que no es suyo y sin pedir permiso.

Pero hay que entender que lo que tenemos requiere abrirse a la gratitud, que implica renegar de la tristeza. Ya lo dijimos de paso. Es uno de los ocho pensamientos malignos según la espiritualidad de la Iglesia oriental —los otros siete corresponden a nuestros pecados capitales—.

Va estando claro que existen dos tipos de tristeza, como dice san Pablo: una, según Dios —y es el deseo de amar mejor[5]—, y otra, según los ídolos de este mundo, que es de la que hablamos ahora, y es técnicamente la frustración:

> «*Porque la tristeza según Dios produce un arrepentimiento saludable, del que uno jamás se arrepiente; mientras que la tristeza del mundo produce la muerte*»[6].

Una bestia muy fea, la tristeza estéril. Es un aliado con quien hay que romper cualquier acuerdo. Si el quinto día es el día de la primera bendición, este trecho del camino que recorremos puede ser la ocasión de abrirnos a la gratitud. Eso se opone a la tristeza. Georges Bernanos, en el ya citado *Diario de un cura rural,* presenta esta lógica de la tristeza como enemiga de la esperanza. En un pasaje citado por el papa Francisco en *Evangelii gaudium,* Bernanos dice:

> «*El pecado contra la esperanza —el más mortífero de todos— es quizá el mejor acogido, el más*

---

[5] Profundizar ahora en este argumento arruinaría la economía del discurso, pero la tristeza según Dios, sencillamente, va ligada al sentido de una belleza no buscada y al impulso a salir de un error que nos ha hecho amar mal. Es el arrepentimiento, que no tiene nada que ver con el sentido de culpa: este es orgullo derrotado y falta de aceptación de los límites, es decir, es sentimiento autoreferencial; el arrepentimiento tiene sentido relacional, mira al amor no dado, tiene al otro en el centro.

[6] 2Co 7, 10.

acariciado. Se requiere mucho tiempo para reconocerlo, y la tristeza que lo anuncia y lo precede ¡es tan dulce! Es el más rico de los elixires del demonio, su ambrosía»[7].

Vale la pena ver la genial descripción del papa Francisco, cuando cita a Bernanos, que desenmascara a muchos cristianos que, aunque largamente beneficiados por la generosidad de Dios, como los nueve sobre diez del texto de Lucas, tienen algo distinto de la gratitud en el corazón:

> «*Así se gesta la mayor amenaza, que "es el gris pragmatismo de la vida cotidiana de la Iglesia en el cual aparentemente todo procede con normalidad, pero en realidad la fe se va desgastando y degenerando en mezquindad". Se desarrolla la psicología de la tumba, que poco a poco convierte a los cristianos en momias de museo. Desilusionados con la realidad, con la Iglesia o consigo mismos, viven la constante tentación de apegarse a una tristeza dulzona, sin esperanza, que se apodera del corazón como "el más preciado de los elixires del demonio". Llamados a iluminar y a comunicar vida, finalmente se dejan cautivar por las cosas que solo generan oscuridad y cansancio interior, y que apolillan el dinamismo apostólico*»[8].

---

[7] G. Bernanos, *Journal d'un curé de campagne*, Paris 1974, 135 (La traducción es nuestra).

[8] Francisco, *Evangelii gaudium*, n. 83. El primer entrecomillado es de J. Ratzinger, Guadalajara México 1996.

Una tristeza dulzona que desarrolla la psicología de la tumba.

Y en cambio aquí buscamos desarrollar, en cierto sentido, la psicología de la vida.

Hemos recomendado un ejercicio imprescindible, y que va bien para todos: pararse cada tarde para ver qué hemos recibido en ese día. A muchos chicos esto les puede bastar como examen de la jornada, sin mayor análisis: dime al menos tres cosas buenas de este día. Y si comienzas a reflexionar, verás que hay muchas otras. También en la jornada más terrible. Luego se llega poco a poco a ser capaz de ver el bien oculto incluso en las cosas que parecen más trágicas. Tal vez tendría que proponer también a algunos sacerdotes este ejercicio primario, porque encontré a varios sumidos en la tristeza y en la ingratitud, rodeados de gracia, pero empapados del hábito de la murmuración... Y la murmuración es la oración del demonio.

Para comprender mejor el arte de la bendición, al que tenemos urgente necesidad de llegar, es de notar que el contenido de la bendición de la vida —segunda palabra explícita de Dios en el quinto día— suena así:

> *«Creced, multiplicaos y llenad las aguas de los mares;*
> *y que las aves se multipliquen en la tierra»*[9].

---

[9] Gn 1, 22.

Dice que es bueno que la vida se reproduzca. Hay algo justo, por ejemplo, en la tensión que tienen tantos hombres por la preservación de las especies vivas, contra la extinción de este o aquel animal —más allá de un cierto olvido de una ineluctable ley natural—. Esto es verdad: es penoso que desaparezca una especie, es penoso que no quede ningún ejemplar.

Muchas veces hay que decir a las personas: «¡Obedece al mandato de Dios que te ha dicho que existas! Te ha llamado a la vida». Quién de nosotros puede decirse a sí mismo o a cualquier otro: «¡Tú no debías existir!». El día en que dijésemos eso estaríamos cayendo en una profunda mentira, propiamente en la maldición.

La maldición —que se opone a esta lógica— es el rechazo de nuestra existencia. El tentador está siempre ahí para hacernos daño. Hay que evitar a toda costa los actos de maldición, de rechazo de la vida. ¡La voluntad de Dios es vivir! Esto es importante. Debemos metérnoslo en la bien en la cabeza: «¡Yo debo vivir!». Es bueno vivir, es importante vivir. Para reencontrar el gusto por la vida es necesario obedecerla.

Dice san Juan Damasceno:

«*Todo lo que Dios ha hecho es muy bueno; todo lo que persiste tal como ha sido creado, es muy bueno. Lo que se separa voluntariamente de lo natural y va* contra natura *se convierte en malo. Todo lo que sirve y obedece al Creador es según la naturaleza. Cuando una creatura, voluntariamente, se rebela y desobedece a su Creador, establece el mal en sí misma*»[10].

¿Cómo ha sido hecha, cómo es mi vida concreta? ¿Limitada, pobre, humilde, débil, frágil? Pues es la única vida que tengo. Cuando pretendo otra vida, una vida que no tengo, rechazo y frustro la mía, porque quiero una existencia que no es la mía, me lanzo a expectativas idolátricas de espera, confiando en ser lo que no soy, y tener lo que no tengo. Y así no se produce otra cosa que la psicología de la muerte: entro en la maldición de mí mismo. Me rechazo a mí mismo. Todos los sistemas idolátricos de expectativas, de proyecciones sobre objetos o proyectos son, en el fondo, disgusto de sí. Si uno quiere otra cosa distinta a la propia existencia, deja de bendecir lo que tiene y lo que es. Uno quiere otro cuerpo, y deja de bendecir el que tiene, ¡cuando Dios, en cambio, lo ha bendecido! Hay que secundar esa bendición, someterse a la vida que el Señor nos ha dado, para valorarla, encontrarla buena, y aceptarla.

> «*La sabiduría exalta a sus hijos,*
> *y cuida de los que la buscan.*
> *Quien la ama, ama la vida,*
> *y cuantos madrugan por encontrarla*
> *se colmarán de gozo*»[11].

---

[10] Juan Damasceno. *Exposición exacta de la fe ortodoxa*, IV, 20.
[11] Si 4, 11-12.

Y, además:

> *«Hijo mío, aprovecha la ocasión y guárdate del mal,*
> *y no te avergonzarás de ti mismo.*
> *Porque existe una vergüenza que conduce al pecado,*
> *y hay otra vergüenza que es honor y gracia»*[12].

¿Qué quiere decir tener vergüenza de sí mismo? Nos acercaremos por grados. Recordamos que dar en el blanco de la vida, no es solo un problema vocacional de los jóvenes que se preparan para su existencia, sino que es el tema de cada trecho del camino, de cada encrucijada, de cada elección.

El discernimiento sobre la propia vocación no termina con la juventud, sino que debe afrontarse durante toda la existencia. Cada jornada debemos entender a qué nos llama Dios. Entender la vocación de la vejez, de la madurez, la vocación del trabajo, de la amistad. Y se trata de no quedarnos en proyectos estériles, en utopías pequeñas y grandes, sino en la realidad, en la obediencia a la vida.

¿Qué quiere decir? Secundar la vida, tal como Dios la ha establecido. Hay que entrar en los entresijos de la vida, saber secundarla tal como es. Nos han entregado la vida bendita. Esto es un mandato de Dios. Su voluntad es: que obedezcamos a esta bendición. Es vital volver en sí, acoger y secundar la bendición de Dios en nuestra existencia. ¿Cómo hacerlo?

---

[12] Si 4, 20-21.

SEGÚN LA PROPIA ESPECIE

Ya desde el tercer día aparece la frase *«según su especie»*. Y aquí aparece otra vez, y volverá a hacerlo en el sexto día, y cada vez el texto insiste al menos dos veces, repitiéndose. En nuestra aventura de reconstruir la vida, ¿en qué pista nos ponen estas palabras?

La especie es, técnicamente, la proximidad filogenética entre los miembros componentes de grupo llamado con este nombre, pero en el lenguaje bíblico esta acepción no es tan precisa[13]. Fundamentalmente, los peces tienen su especie, los pájaros la suya, y esto quiere decir su tipo de vida. Debemos comprender una cosa: el sendero de la bendición está en nuestra especificidad. Y esto implica romper con la vergüenza de uno mismo. Tantas veces, en efecto, las personas aman más una idea de vocación que la propia existencia y, a martillazos, se obligan a ser eso que no son, porque se han enamorado de una fuga de sí mismos. En cambio, es precioso comenzar a respetar los pliegues del propio ser, dar relevancia a los entresijos de la propia vida.

¿Damos así licencia para matar la espontaneidad? ¿Se desencadena la erupción de los impulsos? ¡Qué va!

Es importante recordar que hay dos tipos de actitudes: las constructivas y la destructivas. El desobedecer a la vida es una actitud destructiva, una desobediencia a la «especie de vida» que se ha recibido.

---

[13] El término *min* más que *especie* quiere decir *tipo, clase*.

Y hemos de recordar que nadie vive la vida humana en general, en abstracto, sino que cada uno vive la vida humana en particular: la propia vida, única e irrepetible, según las características biológicas, existenciales, históricas, con las ocasiones y situaciones que Dios ha decidido que acontezcan. Se puede acoger o rechazar la vida entrando en una lógica constructiva o destructiva, pero ciertamente encuentro la vida ya determinada ante mí.

Pero antes aún de ir más adelante, abrimos un paréntesis que no es secundario: la obediencia a las cosas tal como son es la puerta principal de la creatividad. Todos piensan lo contrario... Un ejemplo son los músicos verdaderamente grandes que siguen fielmente lo que está escrito en la partitura. Como vimos en otra parte, en la música está la clave, la tonalidad, el ritmo, la velocidad, y todo parece determinado. ¡Pero no es así, de ningún modo! La interpretación, por ejemplo, no es cambiar el ritmo, sino mantenerlo dando los acentos personales, el espacio de la propia identidad dentro de la obediencia; así, la interpretación es el espacio dentro del ritmo.

Escribe el imprescindible Chesterton:

«Nos conjura el anarquismo a que seamos audaces artistas, y no nos cuidemos de ley ni límite alguno. Y no se puede ser artista sin leyes ni límites. El arte es limitación; la esencia de toda pintura es el contorno. Cuando dibujáis una jirafa tenéis que ponerle el pescuezo largo. Y si, según vuestro audaz sistema de creación, os em-

peñáis en pintarla con el cuello corto, pronto os convenceréis de que no sois libres de pintar una jirafa como se os antoje. Entrar en el terreno de los hechos es entrar en el mundo de los límites. Las cosas pueden emanciparse a ciertas leyes accidentales o pegadizas, pero no pueden escapar a las leyes de su naturaleza. Se puede liberar a un tigre de su jaula, pero no de su piel manchada. No se puede liberar a un camello del peso de su joroba; sería quererlo libertar de su condición de camello. No pretendamos, como esos torpes demagogos, entusiasmar a los triángulos a que se emancipen a la tiranía de sus tres lados. El triángulo que se atreviese a esto, pronto llegaría a un término lamentable. [...] Estoy seguro de que, si alguna vez los triángulos han podido ser amados, se debe a que son triangulares. Y lo propio acontece con cualquiera creación artística; y la creación artística puede considerarse como el ejemplo más elocuente de voluntad pura. El artista ama sus limitaciones; ellas integran la calidad de su obra. El pintor se alegra de que el lienzo sea plano; el escultor, de la palidez de la arcilla»[14].

Un artista, para poder ser verdaderamente tal, debe ser antes un artesano, porque debe conocer muy bien la materia que trabajará. La verdadera creatividad no consiste en romper las reglas, sino en cumplirlas y

---

[14] G.K. Chesterton, *Ortodoxia,* Barcelona 1988 (Trad. de Alfonso Reyes), pp. 74-75.

valorarlas. El arte del Novecento, por ejemplo, ha producido incluso adefesios sin comunicatividad, porque ha conculcado frecuentemente las reglas con un sentido de trasgresión que es rechazo del límite, un asunto que no trae consigo originalidad sino infantilismo, un concierto de egotismos humanos, donde se cree poder llegar al verdadero arte violentando la materia en nombre del ego del artista.

Hay algunos que se creen creativos, pero solo son ignorantes. Sin términos medios. Una obra de arte debe ser capaz de respetar la materia en la que se quiere expresar. Hay quienes se llaman pintores que no sabrían dibujar una sola parte de la anatomía con un mínimo de precisión. Y se quedan tan tranquilos diciendo que son artistas.

No todos los artesanos son artistas, pero ciertamente todos los artistas auténticos son artesanos.

Y ser artesano implica amor a la materia, respeto por la materia en la que nos apoyamos.

En la lectura de un texto bíblico, por ejemplo, es importante conocer cosas como la lengua original, el género literario, la historia del texto, su contexto vital y algunas cosas más, pero no por tecnicismo, sino porque son la trama del texto. Nadie debería permitirse hacer comentarios sin ser antes un artesano del código intrínseco de esa palabra que intenta descodificar.

Es emblemático que, en el relato de la Presentación en el Templo en el Evangelio de Lucas, es decir, en el momento en que este niño recién nacido recibe un primerísimo reconocimiento como Mesías, hay citas de la ley del Señor, acompañadas de expresiones análogas. Veámoslas sumariamente:

«Cuando se cumplieron los ocho días para circuncidarle, le pusieron por nombre Jesús, como le había llamado el ángel antes de que fuera concebido en el seno materno.

Y cumplidos los días de su purificación según la Ley de Moisés, lo llevaron a Jerusalén para presentarlo al Señor, como está mandado en la Ley del Señor: "Todo varón primogénito será consagrado al Señor"; y para presentar como ofrenda un par de tórtolas o dos pichones, según lo mandado en la Ley del Señor»[15].

Y el texto concluye resumiendo:

«Cuando cumplieron todas las cosas mandadas en la Ley del Señor, regresaron a Galilea, a su ciudad de Nazaret»[16].

La Salvación que llega con este niño no es algo forzado, es una obediencia que cambia todo desde dentro: el Mesías no viene violando las cosas, sino dentro de las cosas.

Y Jesús dice:

«No penséis que he venido a abolir la Ley o los Profetas; no he venido a abolirlos sino a darles su plenitud»[17].

---

[15] Lc 2, 21-24.
[16] Lc 2, 39.
[17] Mt 5, 17.

La Historia se cambia desde dentro, los cambios duraderos son los hechos de la fidelidad.

Entonces podemos profundizar en el ejercicio principal del quinto día, ya mencionado, en que entramos ahora hasta el fondo con buenas bases, porque si la vida es *«según la especie»*, mi vida tiene una forma que hay que respetar, tiene una dirección que valorar y que conviene conocer.

¿Qué quiere esto decir?

Que, si quiero reemprender el bien, debo ir tras las huellas del bien. Y si cada jornada se cierra y se inicia atendiendo a lo que es bueno, una vida se reanuda haciendo una cartografía del bien.

En mi vida ha habido gracias, pese a todas mis confusiones y errores, ha habido una serie de cosas buenas, de dones importantes, de luces, de inspiraciones, de buenas oportunidades. Siempre. En todo caso.

Una vez más me vendrán bien agarrar papel y pluma, y comenzar a escribir ahí las gracias de mi vida. Mis bendiciones. Necesito un parámetro para entender si son verdaderamente tales. El texto me da la pista de este parámetro:

> *«Y los bendijo Dios diciendo: "Creced, multiplicaos* y *llenad las aguas de los mares; y que las aves se multipliquen en la tierra"»*[18].

Bendición y fecundidad son parientes cercanos. Ser bendecidos quiere decir ser fecundos. Se produce vida por una bendición, de otro modo algo no cuadra.

---

[18] Gn 1,22.

Y entonces miro mi historia y busco esas cosas buenas que me han hecho fecundo, que me han llevado a vivir, o a volver a vivir y a hacer vivir.

Se recorre la propia vida, y se toma posesión de la bendición presente en la propia aventura, buscando los momentos en que he reencontrado el bien, los momentos constructivos, las gracias de todo tipo, en todas sus propias dimensiones.

Y después de un poco de tiempo realizando este ejercicio, que parte desde la infancia hasta el presente, en un momento dado —no en un día— se debería llegar a un elenco bastante fiel de gracias, de regalos, de actos fecundos, de crecimiento, de luz.

Y se llega a la conclusión: se comienza a buscar la constante. Gracia sobre gracia, cosa bien hecha sobre cosa bien hecha, crecimiento sobre crecimiento, se busca el máximo común divisor. La constante de las propias gracias. ¡Aquí está la propia especie!

Hay, en la praxis del discernimiento, una ley de la continuidad: hay un modo que tiene Dios para salvarme, que tiene su coherencia. Me toma en general a través de una línea de gracia, a través de una clave de salvación. Eterna es su misericordia, y la vía del Señor es directa, no es contradictoria.

¿Quiero construir el bien? ¿Quiero recomenzar? Esta es una de las cosas principales: debo centrarme en cómo Dios me salva a mí.

Alguien ha dicho que Dios se acerca con pasos de persona conocida, se mueve de un modo que se percibe como reconocible. El Espíritu del Señor tiene un modo de entrar en el corazón de cada uno.

Mil veces me ha servido volver sobre los pasos de mis gracias, rastrear la guarida del bien en mi territorio, recordar los lugares habituales de mi actitud de dejarme encontrar por el Padre. Sé que hay cosas que, si las hago, me sientan bien, siempre me han hecho bien.

Toda pareja, para mantener bien su matrimonio, debería disponer del decálogo de su alegría, del elenco de las cosas que favorecen la unión, de esos actos constructivos vividos en el pasado, para no olvidarlos, para repetirlos, para aprender de ellos.

El bien hace bien, y cuanto más se camina en su surco, mejor se está.

La vida bendita tiene su especie, su modo de ser; y en el discernimiento, para dar mis pasos sobre lugar seguro, necesito observar la continuidad, la repetición de la gracia en mi vida.

Por tanto, me hago una lista de gracias y capto su continuidad en mí, con calma, dejando que se me aparezca, sin prisa, sin ansia de eficacia, porque esta es una cosa que hay que hacer bien y que me ayudará mucho.

Pongo un ejemplo: hace tiempo ayudé a un sacerdote que me dijo se sentía fuertemente impulsado a adentrarse en un ámbito del ministerio sacerdotal que nunca había practicado. Quería ocuparse de una miseria humana con la que se había tropezado y que estaba necesitada de servicio. Comenzó a entrar en juego y a abrirse a esa posibilidad, a soltar los frenos interiores que le impulsaban a quedarse ligado a todo lo que había hecho hasta aquel momento. Con sacrificio del corazón y con toda la generosidad de su ánimo, estaba dispuesto a dejarlo todo y a servir al Señor en aquella dimensión, inusual para él.

Era, en realidad, una gran tentación.

Dispuesto a todo sacrificio, creía estar en una vía espiritual, precisamente porque le costaba mucho. Era un engaño. Todo nacía de un sentido de culpa, típico producto del demonio, porque —bien o mal— no había servido nunca al Señor en aquel sentido, y detrás de ese sentido de culpa estaba la soberbia, el no aceptar que no era capaz de hacerlo todo, que tenía límites en su servicio. Era el larvado rechazo, oculto, de su pobreza.

Y poniendo en juego todo lo que hacía, se arriesgaba a arruinar también el bien que podría hacer.

Le tuve que decir: «Querido hermano, durante todos estos años el Señor ha tenido siempre el mismo discurso contigo, te ha llenado de gracias siempre en la misma dirección. ¿Pero cómo encaja esta novedad? Ni un solo hecho de tu vida va en esa dirección, mientras que tienes por delante una autopista de cosas buenas por la que avanzar, y en la que la Iglesia te ha confirmado. Si el Señor te ha dado dones, ¿quién eres tú para tirarlos? ¿O crees que Dios da la gracia en vano? Mira que la vía del Señor es recta, Él no es retorcido sino límpido. ¿Qué diablo te está enredando?».

Por fortuna ese hermano se dio cuenta de que el demonio, usando su sentido de culpa, lo había cegado, distrayéndolo de la línea de la gracia. Y vio que este jueguecito estúpido lo había hecho más veces, en manera menos grave pero parecida.

Aprendió desde entonces a respetar más seriamente la obra de Dios en él.

Hay que caminar dentro de las propias gracias.

Dice el Señor Jesús:

> «*¿Acaso no son doce las horas del día? Si alguien camina de día no tropieza, porque ve la luz de este mundo; pero si alguien camina de noche tropieza, porque no tiene luz*»[19].

El día es la línea de las cosas buenas que Dios ha hecho con nosotros y la serie de cosas que pone a disposición para nuestra salvación, las ocasiones concretas que se han dado y constituyen nuestra historia. La noche es aquello que no es «*según nuestra especie*»; no cuenta si es bueno o malo, el punto es que no es lo nuestro.

Decimos en el Padrenuestro: *Danos nuestro pan.* No decimos: *Danos el pan,* no pedimos un pan cualquiera. Pedimos *el nuestro.*

Comer el propio pan es el camino de una vida santa.

El bien no viene por casualidad, y, repitámoslo, Dios no da la gracia en vano.

Hemos de tomar posesión de los regalos, por tanto, y caminar en los surcos de la belleza que se nos ha entregado.

Si estoy en «*lo mío*», vuelo. Si voy a lo que no es «*lo mío*», tropiezo.

---

[19] Jn 11, 9-10.

En lo que no es *mío* voy solo, será un gran esfuerzo que no vale la pena.

En lo que es *mío,* camino con Dios, porque obedezco a su bendición.

DÍA SEXTO - PRIMERA PARTE

El don de las humillaciones

La vida nueva es pascual.

«Dijo Dios: "Produzca la tierra seres vivos según su especie, ganados, reptiles y animales salvajes según su especie". Y así fue. Dios hizo los animales salvajes según su especie, los ganados según su especie y todos los reptiles del campo según su especie. Y vio Dios que era bueno»[1].

El sexto día es más largo y detallado, y conviene señalar dos sesiones, por lo demás bien separadas por una frase luminosa, ya usada en los demás días, que aparece al final de la creación de los animales terrestres —«*Y vio Dios que era bueno*»—, frase que, al final de todo, después de la creación del hombre, reaparece modificada y enriquecida: «*Y vio Dios todo lo que había hecho; y he aquí que era muy bueno*».

Las dos partes del sexto día no son iguales; la primera es casi una premisa, pero una premisa relevante.

---

[1] Gn 1, 24-25.

Es el último escalón de la creación antes del hombre y la mujer, en la liturgia de la vida que es este capítulo, y presenta a los compañeros de viaje del hombre sobre la tierra seca: los animales que pueblan la tierra.

En este texto, como en toda la Biblia, no hay una palabra que esté de más, y veremos que esta parte no sobra en absoluto.

Estamos en el viaje que desvela el código de la existencia, y el tipo de vida que ahora aparece tiene su propio nombre: se llama vida terrestre. Lo destacamos, porque es una expresión que no debemos infravalorar.

«Produzca la tierra seres vivos según su especie».

¿Qué hay aquí de notable?

Nada, tal vez solo un salto de calidad: del reino mineral al reino animal, sin pasar por el reino vegetal. Paja.

«Produzca la tierra seres vivos». Claro, estamos en la creación, y no hay límites al poder de Dios. Pero la vida aquí se produce por un camino que no es cualquiera. La vida surge de la tierra.

El segundo relato de la creación, en el segundo capítulo de Génesis, nos dará el nombre del hombre, Adán, en hebreo *adam*, de la palabra suelo, tierra, terreno, *adamàh*.

¿Dónde está la clave?

El nuestro es un viaje que toma el paradigma de la Sagrada Escritura y lo conjuga con nuestra vida espiritual. Y en nuestra vida profunda esta es una experiencia que debemos reconocer: con mucha frecuencia hay saltos de calidad que tienen una sorprendente fuente: lo inerte, lo que no es vida.

La racionaremos bien, porque este es un licor precioso: en latín, polvo, suelo, se dice *humus*, y hablamos del elemento principal del terreno. Aquí se dice que la tierra produce vida.

Para poder apurar hasta el fondo esta perspectiva necesitamos hacer cortocircuito con otro texto.

Que el hombre sea sacado de la tierra no es una deducción etimológica, pero lo dice un pasaje bien preciso del capítulo tercero de Génesis:

> *«Al hombre le dijo: "Por haber escuchado la voz de tu mujer y haber comido del árbol del que te prohibí comer: Maldita sea la tierra por tu causa. Con fatiga comerás de ella todos los días de tu vida. Te producirá espinas y zarzas, y comerás las plantas del campo. Con el sudor de tu frente comerás el pan, hasta que vuelvas a la tierra, pues de ella fuiste sacado, porque polvo eres y al polvo volverás"»*[2].

Este texto, más que una maldición, es un diagnóstico en el que Dios revela al hombre las consecuencias de su acto, que lo llevarán a un final atroz: volverá al polvo, después de haber reducido todo a una cosa fatigosa y hostil.

No podemos analizar este pasaje —es demasiado profundo para un comentario marginal como este—

---

[2] Gn 3, 17-19.

pero al menos nos fijamos en esto: el desastre del pecado lo presenta el Génesis como una amarga transfiguración de las cosas, es decir, la degeneración *de la vida al polvo*.

Este es un trágico proceso, clave de la infelicidad humana: transformar la vida en porquería, degradar la existencia en basura, arruinar las relaciones y hacerlas devenir muerte, despreciar las gracias y hacerlas devenir escombros.

El depósito de chatarra en que puede convertirse el panorama de la vida humana...: ver la belleza violada, la inocencia destrozada, y toda la potencialidad de nuestro corazón envilecida en actos de autoafirmación, de mezquindad y de ansiedad que corrompen la relación con las cosas, experimentar impulsos innobles que toman el volante del corazón, y avidez de posesión que se convierte en obsesión..., y mareas de inseguridad que se canalizan mediante el orgullo. Y los desastres de una sociedad sin frenos. Belleza convertida en lodazal.

La primera parte del sexto día es como un ángel feliz que hace sonar su alegre anuncio, la lógica exactamente contraria a esa de la destrucción: aquí se anuncia que se va *del polvo a la vida*.

Si debemos aceptar que con nuestros pecados convertimos la vida en muerte, y estamos todos destinados a ser Adán —que de ser viviente pasa al polvo—, podemos levantar la mirada hacia el proceso contrario: el hombre nuevo, Jesucristo que en el polvo no tiene el capítulo final, sino el comienzo. El que sale del polvo para ir a la resurrección.

Eso celebramos los cristianos en la luminosa paradoja del ritual del Miércoles de Ceniza.

Queda dicho: mientras el destino biológico del hombre es el de ir a la ceniza, tenemos en nuestra liturgia la proclamación de su contrario en la fase más importante del año litúrgico —y de la vida cristiana—: el Miércoles de Ceniza, que es el primerísimo paso de un viaje que comienza en la Cuaresma y desemboca en la Pascua y su celebración, y que se extiende luego hasta Pentecostés. Es el tiempo de los tiempos, el corazón del año litúrgico. Y precisamente comienza con un rito: el de poner ceniza en la cabeza. Y este signo tan amargo no es el final, sino el inicio, porque este rito de la ceniza se resolverá en su contrario, en su negación: la Resurrección.

La Cuaresma desencadena lo que constituye el núcleo fundamental de la existencia cristiana, es decir, la vida que Dios saca de la nada, que se llama Pascua, del hebreo *Pesach*, del verbo *pasach*, que quiere decir: ir más allá, saltar.

En todo acto cristiano, si es verdaderamente tal, y no una mediocre aplicación de normas éticas, se experimenta la Pascua.

Amar y hacer a fondo el bien de alguien quiere decir, para el pobre que suscribe, saltar más allá del metro ochenta y cuatro de ego que tengo como obstáculo. Me encuentro, porque Dios me da su Espíritu, driblándome, relativizándome, sabiendo prescindir, sorprendentemente, de mi fuerza centrípeta. De mí, en medio de mil pobrezas, descubro que debo simplemente morir. Para dar fruto. Para poder resurgir en la comunión, en la alegría del verdadero bien de otro. Y, sorprendentemente, me reencuentro vivo como nunca, feliz como nunca, yo mismo como nunca.

Pero vengo de la muerte. Y en esa muerte me he puesto en manos del Padre celestial, he creído en el Señor Jesús, he dejado que Él —que es Señor y da la vida— me diese la suya a cambio de la mía, por la que tanto temía; y descubro solo después que lo que defendía —en mi egoísmo— era solo un punto de partida para lo que ahora vivo, que no es mío, es un regalo que sabe a eternidad. Valía la pena perderme, soltarme. Fiarme.

¿Dónde se aprende esta gimnasia? ¿Qué palestra enseña este salto, no de altura, no de longitud, sino más allá aún? ¿Es una técnica? ¿Es algo que hay que entender? ¿Se aprende de una vez por todas?

El proceso de marchitarse

No es una técnica, y nosotros los hombres nunca tendremos suficiente inteligencia para entender su lógica, aunque es fundamental recordarlo para adquirir sabiduría.

El hecho es que será siempre sorprendente. Nos desconcertará siempre, nos molestará siempre.

Su escuela elemental será la humillación. La secundaria será la obediencia. La universidad será la cruz. Pero tendrá siempre el mismo conducto interior, el mismo ritmo.

Para captarlo observemos un curioso fenómeno vital.

En botánica, se da el interesantísimo caso de la marchitez. Es decir, esa parte del proceso de germinación de una semilla arrojada a la tierra, que corresponde al momento en que una serie de microorganismos —presentes en el terreno circundante— atacan como parásitos a la semilla, para comérsela. Y parece que la semilla, marchitándose, perece... En cambio, no es así: estos animalitos que la están destruyendo la hacen transfigurarse, y la semilla se transforma en una nueva vida, es ella en realidad quien se come los microorganismos y los sintetiza en la germinación. Y comienza una nueva planta, que habrá aprendido a comer, de ese enemigo, su nueva vida. Parecía un desastre, y por el contrario era una Pascua.

El ejemplo no es mío, es de san Pablo:

> *«Pero dirá alguno: "¿Cómo resucitan los muertos? ¿Con qué cuerpo vuelven a la vida?". Necio. Lo que tú siembras no revive si antes no muere; y lo que siembras no es el cuerpo que llegará a ser, sino un simple grano, de trigo, por ejemplo, o de alguna otra cosa. Dios, en cambio, le da un cuerpo según su voluntad: a cada semilla su propio cuerpo»*[3].

Y más adelante:

> *«Así será en la resurrección de los muertos: se siembra en corrupción, resucita en incorrupción; se siembra en vileza, resucita en gloria; se siembra en debilidad, resucita en poder; se siembra un cuerpo natural, resucita un cuerpo espiritual»*[4].

---

[3] 1Co 15, 35-38.
[4] 1Co 15, 42-44a.

Pero Jesús lo dice aún mejor:

> «*En verdad, en verdad os digo que, si el grano de trigo no muere al caer en tierra, queda infecundo; pero si muere, produce mucho fruto*»[5].

Sacar vida nueva de una cosa que nos destruye.

Ante todo, estamos hablando de las *humillaciones*, lugar primario de crecimiento. Y aclaramos enseguida que esta realidad no es un mecanismo, es una oportunidad. Se puede aprovechar, pero también no. Con frecuencia no.

¿Por qué las humillaciones se podrían aprovechar como camino para respetarse y recomenzar?

Por ejemplo, el Salmo 119 usa expresiones del tipo:

> «*Antes de pasar la humillación andaba descarriado,*
> *pero ahora guardo tu palabra*»[6].

Y un poco más adelante:

> «*Ha sido bueno para mí ser humillado,*
> *a fin de aprender tus estatutos*»[7].

En las humillaciones hay un antes y un después, son un lugar pascual, y son ocasiones útiles para aprender la voluntad de Dios.

¿Y por qué?

---

[5] Jn 12, 24.
[6] Sal 119, 67.
[7] Sal 119, 71.

Existen diversos tipos de humillaciones. *Grosso modo* podemos dividirlas en dos grupos: las que merecemos y las que no.

Las típicas y más frecuentes son las que nos merecemos. Son esos momentos en los que la realidad nos da con la verdad en la cara. Son esas que nos redimensionan, y sentimos el dolor de descubrir que estamos sobrevalorados, un dolor de intensidad directamente proporcional a la profundidad de la patraña que nos hemos contado. Salir del delirio de omnipotencia duele tanto cuanto más agudo es el delirio.

Bendito dolor, porque nos humilla y abre las puertas de un cambio. Pero incluso está a la vista otro delirio frecuente, el de la inocencia. Descubrir un pecado puede hacer mucho daño, pero es la gracia de la curación de ese pecado. Esa amargura es mejor que no pase enseguida: pobres de los que usan analgésicos contra este dolor, porque el rápido alivio del trauma del descubrimiento del error se convierte en carie del alma, y uno sale de allí a toda velocidad sin dejarse enseñar por ese amargo descubrimiento.

Esta tierra debe permitir que me marchite, debo metabolizar la humillación de quedar mal por mi soberbia, y debo dejarme pulir por los hechos que han sacado fuera las suciedades que escondía, principalmente a mí mismo.

Necesitamos los amargos choques con la verdad para ser conscientes. Lo real hiere a quien está fuera de la realidad.

Ser redimensionados es, en realidad, descubrir la propia estatura, no es otra cosa. Lo que hace daño de verdad en estas humillaciones es el orgullo.

¡Cuánto bien hacen! ¡Qué potente medicina para no vivir en vano!

Pero cuando llegan... nos cuesta mucho reconocerlas, cuesta aceptar la verdad. Pueden refutarse de dos modos principales: o ignorándolas y continuando en el delirio —en general, echando la culpa a alguien o huyendo— o apuntándonos al infantilismo del «*entonces ya no juego*», que es el reflujo gastroesofágico del amor propio.

Pero, ¿qué pasa con las otras humillaciones que no merecemos?

Esas son las más preciosas, precisamente porque son injustas.

Si el salto que hay que dar en las primeras humillaciones es de la mentira a la verdad, aquí saltamos, sin embargo, de nuestras obras a las de Dios.

Una premisa: las humillaciones injustas, como norma, son raras, y siempre hay que verificarlas, porque sucede incluso que eso que llamamos injusticia, poco a poco empezamos a reconocer que no lo era, era de la primera clase. Y no éramos victimas de ningún modo.

Para reconocer que lo que hemos visto como injusticia en realidad era algo merecido, tal vez se necesitan años.

Conviene ser muy cautos en todas las lecturas de los hechos en que nos consideramos víctimas. De algunas cosas que me sucedieron hace años, hoy hago una lectura mucho más comedida y reconozco que he sido menos víctima de lo que pensaba, y que muchas cosas me las busqué yo y, sobre todo, me han hecho madurar bastante. Eran Providencia.

Y aquí está el punto.

Si las humillaciones del segundo tipo son en las que uno se siente superado por el mal —y en general uno las rechaza, ya sea compadeciéndose u odiando a quien lo humilla— el Señor en cambio tiene su plan para nosotros.

En la encrucijada de una mortificación nos encontramos con una extraña indicación del *google map* evangélico, porque la voz del navegador dirá:

> «*Entrad por la puerta angosta, porque amplia es la puerta y ancho el camino que conduce a la perdición, y son muchos los que entran por ella. ¡Qué angosta es la puerta y estrecho el camino que conduce a la Vida, y qué pocos son los que la encuentran*»[8].

Un mar de gente toma el camino del desvío que va hacia el rechazo de esa amargura.

Pocos toman la otra vía. La angosta.

Para meterse por ese camino hay que abrirse a una hipótesis: que la nuestra es siempre y comúnmente una historia de salvación. Que Dios es Padre, y que su paternidad es omnipotencia y creación. Que hay un misterio en la historia: las cosas son condicionadas por nuestra libertad —que es real—, pero todo sigue siempre en sus manos. Y que Dios puede sacar bien del mal. Puede sacar la vida del polvo. Y si alguien me está haciendo daño, Algún Otro sabrá aprovecharlo. Y de sus manos no caigo.

Así uno acepta dejarse comer por los microorganismos.

---

[8] Mt 7, 13-14.

Es así como Dios realiza las mayores obras. Porque en esas situaciones nosotros somos impotentes, y Él, al final, puede operar libremente.

Ya escribí en otra parte que los regalos más grandes de mi vida Dios los ha puesto en manos de quienes me han hecho daño, y todo consistía en pasar de mis recursos a la potencia de Dios. Saltar a sus brazos. Y esperar sus designios.

Perdí el tren del doctorado en julio de 1993 por una objetiva falta de caridad de un hermano. Me encontré, frente a este hecho, torpe y algo escuálido. Recuerdo la humillación telefónica del profesor que, al no saber por qué motivo había faltado a una cita fijada meses antes, y por la que él había venido a Roma en un julio caluroso, alzó la voz y me insultó sin ningún reparo. La violencia bullía dentro de mí y planeaba venganzas complicadas y creativas. Pero por gracia se me ocurrió ponerme a rezar, incluso con miedo por la ferocidad que se me estaba despertando dentro.

Y en la oración me tropecé con la Carta de Santiago:

> «*Atended ahora los que decís: "Hoy o mañana iremos a tal ciudad, pasaremos allí un año, negociaremos y obtendremos buenas ganancias", cuando en realidad no sabéis qué será de vuestra vida el día de mañana, porque sois un vaho que aparece un instante y enseguida se evapora. En lugar de esto deberíais decir: "Si el Señor quiere, viviremos y haremos esto o aquello"*»[9].

---

[9] St 4, 13-15.

Y alguien me dijo en el corazón: «¿Y si Dios hubiera decidido que tú no hagas el doctorado? Dime: ¿cómo hará Dios para guiar tu vida si sucede solo lo que programas tú? ¿Y si quisiera valerse de la debilidad de ese hermano para dar un volantazo a tu vida?».

Me paré. Comprendí que era con Dios con quien tenía que ajustar cuentas. Dentro de mí hice las paces con aquel hermano —y desde aquel día he tenido una serena simpatía hacia él—.

No pensaba ya en esto cuando, reanudando la actividad parroquial, me encontré un septiembre libre, precisamente porque había finiquitado el acuerdo con aquel profesor y debía empezar todo de nuevo. Entonces pensé hacer por fin un curso de retiro para los grupos de chicos que atendía.

Del 9 al 12 y del 24 al 26 de septiembre de 1993.

Fu el inicio de los «Diez Mandamientos».

Si aquel hermano no me hubiese hecho saltar del tren para el doctorado, todo lo que ha sucedido ahora quizá no hubiese pasado. Vocaciones, matrimonios, gente que ha salido de la muerte de errores graves, sacerdotes que han reencontrado su misión, un ejército de niños que han nacido por la alegría de vivir de sus padres, y una marea de gente que ha vuelto a la fe. Eso, por decir algo que solo da una pálida idea.

Dios, inescrutablemente, se ha servido de una cosa desordenada para poner orden en mi vida y realizar sus planes de salvación.

¿Qué sabiduría es esta? ¿Dejarse trabajar por las cosas, dejar que Dios cumpla su obra también en medio de la injusticia? Es lo que te encuentras en el corazón cuando comienzas a experimentar la vida que surge de la muerte, la luz que prorrumpe en el interior de un momento de oscuridad, la experiencia de ver el poder de Dios, que crea de la nada. Esta dimensión extraordinaria es el fundamento de la experiencia pascual, y empapa toda la vida espiritual.

Cada mañana puede ser el alba de una vida pascual, donde ver el poder de Dios. La paradoja del sexto día: «*Produzca la tierra seres vivos*» es una experiencia que se debe hacer y rehacer: la tierra inerte produce vida, novedad. Las humillaciones que nos redimensionan nos devuelven a la verdad, y las que nos crucifican nos dan la ocasión de ponernos en manos de Dios y dejarle cumplir su obra.

Aquí se reduce a cero el deseo de los que me están leyendo con el fin de entender algo interesante. Aquí no hay mucho que entender. Aquí es cosa de morir. Aquí la pregunta de los principiantes, en general, es: ¿Y si Dios no existe? Aquí toca creer para probar, no lo contrario. Toca fiarse para adquirir experiencia.

Si un hombre que está comenzando su vida espiritual no pone en valor sus humillaciones, en el fondo no comienza nunca. Lo suyo será siempre una teoría. Quizá captará en abstracto la vida nueva, pero no la vivirá.

Israel escribe el primer capítulo del Génesis porque ha aprendido de la humillación y está encontrando, en la opresión —de un poder extranjero al que está sometido el pueblo—, una sabiduría más profunda que no es de este mundo, pero que le revela la belleza del mundo mismo, y la expresa en este texto.

¿Y qué ejercicio realizar en esta primera parte del sexto día? Hacer memoria de las santas humillaciones. Recordar todas las veces que la vida me ha puesto en mi sitio. Recordarlas con calma, listarlas.

Y se recuerdan esos hechos en los que, del mal que pensábamos que alguien nos hacía, o al menos eso pensábamos, Dios ha sacado un bien.

La mayor parte de las veces que me enfado por un imprevisto, luego durante la tarde debo admitir ante Dios que era un designio suyo, mejor que el mío. Los ejemplos abundan.

Pero es oportuno tener en mente estas pequeñas y grandes pascuas.

Por eso vale la pena dedicarse a evocar las humillaciones y registrar cuánto nos han aportado de bueno.

¿Y qué pasa con las que permanecen opacas, sin fruto aparente? Por una parte, sucede que los designios de Dios tienen tiempos sorprendentes, y por tanto hay que esperar la pascua, hay un sábado santo en medio, que debe trascurrir según el reloj de Dios, que funciona según el reino de los cielos, no con el tic-tac de nuestras impaciencias.

Pero, por otro lado, es siempre fundamental contactar con alguien que nos conozca, y que tenga una fe sólida. En realidad, absolutamente todos los ejercicios hechos en esta aventura —como ya he dicho— se someten a una guía espiritual, por lo menos en sus conclusiones.

En sustancia: si me acuerdo de cuánto bien me hicieron algunas bofetadas de la vida, y si me vuelve al corazón lo que he vivido cuando, ante una injusticia, me he abandonado en las manos de Dios, entonces la vida no me dará miedo. Construyo sobre bases sólidas.

En la acogida de una humillación, de cualquier tipo, hay siempre un salto de calidad.

> *«Porque todo el que se ensalza será humillado, y todo el que se humilla será ensalzado»*[10].

---

[10] Lc 18, 14.

DÍA SEXTO - SEGUNDA PARTE

El don de la gloria

El hombre es una cosa muy buena.

«Dijo Dios:

"Hagamos al hombre a nuestra imagen, según nuestra semejanza. Que domine sobre los peces del mar, las aves del cielo, los ganados, sobre todos los animales salvajes y todos los reptiles que se mueven en la tierra".

Y creó Dios al hombre a su imagen,
a imagen de Dios lo creó;
varón y mujer los creó.

Y los bendijo Dios, y les dijo:

"Creced, multiplicaos, llenad la tierra y sometedla; dominad sobre los peces del mar, las aves del cielo y todos los animales que reptan por la tierra.

Y dijo Dios:

"He aquí que os he dado todas las plantas portadoras de semilla que hay en toda la superficie de la tierra, y todos los árboles que dan fruto con semilla; esto os servirá de alimento. A todas las fieras, a todas las aves del cielo y a todos los reptiles de la tierra, a todo ser vivo, la hierba verde le servirá de alimento". Y así fue.

Y vio Dios todo lo que había hecho; y he aquí que era muy bueno. Hubo tarde y hubo mañana: día sexto»[1].

Si alguien se hubiese saltado todo el resto del libro para ver qué diremos aquí de las temáticas que implica el texto sobre la creación, quedaría defraudado. Este capítulo es la culminación de un recorrido, no una mina de datos. Sin el recorrido precedente, lo que veremos ahora de poco sirve.

Y si algún otro pensase ahora encontrar un examen exhaustivo de este texto, también quedaría frustrado, al menos por dos motivos: el primero es que no estoy a la altura —francamente no sé quién lo está, pero ciertamente yo no—. El segundo es que este libro tiene un carácter bien preciso: no es una exegesis de la primera página de la Biblia, sino un viaje en el arte de reconstruir la propia existencia, de recomenzar —o de comenzar, propiamente—.

Así que este es, para nosotros, el momento de afrontar la fase final de nuestro camino. Es decir, el lugar del verdadero recomienzo. Habrá que estar atento para ver adónde nos lleva este texto, para dejarnos decir el objetivo de un recorrido de primer discernimiento, con el fin claro de reiniciar el bien, la felicidad de una persona. En efecto, la parte principal de sexto día es la entrega de una dimensión: nuestra gloria. La luz sobre nuestra belleza. Es como decir: para esto no valía la pena hacer todo este viaje.

---

[1] Gn 1,26-31.

El material que esta parte nos ofrece es inmenso: será necesario no dispersarse y seleccionar, para ir a la sustancia de nuestro recorrido de reconstrucción.

Comenzamos señalando lo que hay en esta parte, a nivel macroscópico. Después de haber creado a los animales terrestres, Dios vuelve a hablar, y usa una expresión grandiosa emitida en un raro lenguaje[2]:

> «*Hagamos al hombre a nuestra imagen, según nuestra semejanza*».

Una frase que pesa toda la historia humana.

Lo que sigue tiene la fuerza de una explicación: ¿qué quiere decir que el hombre fue hecho así?

> «*Que dominen sobre los peces del mar, las aves del cielo, los ganados, sobre todos los animales salvajes y todos los reptiles que se mueven por la tierra*».

Dominio. Tendremos que entenderlo mejor, aquí estamos solo reseñando el contenido.

Encontramos de pronto una interrupción en el texto, se sale del discurso directo para entrar en palabras de ritmo distinto, que contienen la repetición redundante del verbo crear. El verbo «crear», en hebreo *barà,* se repite cinco veces en todo el primer capítulo, y tres son en este único versículo:

---

[2] Se trata de una forma verbal inusual en español: el imperativo en plural que tiene cierto valor exhortativo.

«Y creó Dios al hombre a su imagen,
a imagen de Dios lo creó;
varón y mujer los creó».

Si habíamos oído que Dios ha creado al hombre, esto se nos repite otras dos veces, estigmatizándolo: *«Creó al hombre a su imagen, a imagen de Dios lo creó».* Para aumentar el peso de la repetición usa una figura retórica de gran energía: creó a imagen - a imagen creó, técnicamente se llama *quiasmo*; tiene la energía de un eslogan que se te planta en la cabeza.

Escoltada por esto aparece una determinación específica: los crea varón y mujer. Y repite el esquema de la segunda parte del quiasmo, de modo que llega a una ulterior fuerza expresiva, literalmente: *«A imagen de Dios lo creó, varón y mujer los creó».*

Tranquilos, no suelto el freno que me he impuesto para todo el libro, el de no entrar en tecnicismos. Pero se nota que son palabras más sopesadas que las demás, probablemente es una prueba oral de no poca monta, como un eslogan que se repite y vuelve a repetir, hasta que adquiere toda la fuerza que se pretendía.

Es decir, son palabras aún más incisivas que las demás, para ellas no basta la prosa, hay que saltar al plano superior de la poesía.

Por tanto, después del paréntesis poético Dios vuelve a hablar, y la segunda palabra de Dios es una bendición que, como en el quinto día, tiene el contenido de la fecundidad:

«Y los bendijo Dios, y les dijo:
"Creced, multiplicaos, llenad la tierra y sometedla; dominad sobre los peces del mar, las aves

del cielo y todos los animales que reptan por la tierra"».

Hay dos elementos más respecto a las bendiciones sobre los animales del quinto y sexto día, y no de poca importancia: el mandato no es solo de ser fecundos, sino también de someter la tierra y dominar sobre las demás criaturas vivientes.

Esto lo había ya anunciado en la primera palabra, y lo subraya: la misión del dominio sobre las creaturas se repite dos veces.

Dejémoslo aquí por ahora, y resumamos: hemos encontrado tres elementos principales:

—Dios crea al hombre a su imagen, es el primer dato, y va a repetirlo otras dos veces en la parte en poesía.

—El segundo elemento es el mandato del dominio y del gobierno sobre la tierra y las criaturas vivientes. Se dice como segunda indicación, tanto de la primera como de la segunda palabra pronunciada por Dios.

—Aparece el tercer mandato de Dios, que es el núcleo de la bendición de la vida biológica —ya visto tanto en el quinto como en la primera parte del sexto día—: ser fecundos, multiplicarse y llenar la tierra.

Ser a imagen y semejanza de Dios, tener una misión de gobierno sobre la tierra y las creaturas, ser fecundos y generar otra vida.

Estas son las tres luces que recibimos para nuestro recorrido.

Para visualizarlas podemos pensar en tres aspectos dinámicos. Hay un elemento *a quo,* el punto de partida; hay la *vía* por recorrer; y el término *ad quem,* el objetivo que alcanzar.

Hay una *fuente* de nuestro ser —constituido a imagen de Dios; tenemos una *vía* que recorrer—; el gobierno autoritario de la realidad creada; y tenemos un *objetivo* —generar vida, llegar a dar existencia a otros—.

Ese es el viaje que haremos: entendernos a nosotros mismos a través de estos tres aspectos.

IMÁGENES E IMAGINARIOS

Estamos emparentados con la gloria de Dios. Portamos de Él la imagen y semejanza. Más allá de mil otros análisis que se puedan hacer, esta es la afirmación central, repetida, machacona:

> «*Dijo Dios: "Hagamos al hombre a nuestra imagen,*
> *según nuestra semejanza"...*
> *Y creó Dios al hombre a su imagen,*
> *a imagen de Dios lo creó;*
> *varón y mujer los creó*»[3].

De los mil propósitos que me puedo plantear en la vida, no estaré nunca demasiado lejos del verdadero si me oriento a ser yo mismo.

Y, a decir verdad, todos los desastres humanos podrían resumirse en la traición más devastadora que las personas ponen en acto: la de traicionarse a sí mismos. ¿Pero qué quiere decir traicionarse a uno mismo?

---

[3] Gn 1, 26. 27.

En otra parte hemos ya mencionado la indicación oculta en la parábola del hijo pródigo:

> «*Recapacitando, se dijo: "¡Cuántos jornaleros de mi padre tienen pan abundante mientras yo aquí me muero de hambre! Me levantaré e iré a mi padre..."*»[4].

Recapacitar —para este hombre— quiere decir redescubrirse hijo de un padre bueno. Pero si este hombre vuelve en sí, ¿dónde estaba antes?

¿Y por qué el sexto día subraya que esta es la identidad del hombre? ¿Qué otra identidad podría tener?

Por lo menos existen dos «*sí mismos*». El verdadero y el falso.

Todo nuestro viaje en este libro es una operación de liberación del «*falso sí mismo*». Todo el trabajo, desde las primeras evidencias a las prioridades, pasando por los límites, distinguiendo inspiraciones de sugestiones, y capitalizando gracias y humillaciones, y el esfuerzo del viaje hacia sí mismo bajo la mirada tierna de Dios, que nos ve tan infieles a lo que nos ha dado, tan despistados de nuestra gloria.

Sí, este es el punto: somos algo muy bueno, este es el motor de la alegría de ser y la fuente del amor hacia lo que nos rodea.

En hebreo *gloria* se dice *kabod* y quiere decir, a la letra, *peso, pesantez* e indica la sustancia, el peso específico de una cosa.

---

[4] Lc 15, 17-18a.

Hacia el siglo segundo, san Ireneo de Lyon decía:

> *«Gloria Dei vivens homo»*[5] [*«La gloria de Dios es el hombre viviente»*].

En las raíces de la fe cristiana hay una intuición que fundamenta las mejores antropologías: si Cristo aceptó encarnarse, padecer, morir y resucitar por nosotros, no puede ser que nosotros seamos una cosa tan horrible.

Dios no tiene para nosotros la mirada de la señorita Rottermeier, sino, como dice la liturgia cristiana:

> *«...En todo lo quisiste [a tu Hijo] semejante al hombre [...] para poder así amar en nosotros lo que amabas en Él...»*[6].

En efecto, si este texto tiene validez, estamos hechos a imagen y según la semejanza de Dios y estamos dotados, por tanto, de un peso específico, es decir, de una gloria que nos asemeja, que porta su imagen. ¿Qué gloria es?

A veces hago a los jóvenes esta pregunta: ¿qué te parece, Dios te ama más a ti o a san Francisco? Alguno lo piensa un poco y responde: nos ama lo mismo, obvio. La cosa hace pensar mucho, pero es indudable.

Ahora, preguntémonos: ¿Dios me ama más a mí o a Jesucristo?

Pausa. Embarazo.

Diantre, no lo había pensado nunca. No había llegado hasta ahí.

---

[5] Ireneo de Lyon, *Adversus haereses,* IV, 20, 7.

[6] Prefacio VII del Tiempo ordinario.

Todo está ahí. Mi verdadero «*mí mismo*» no es un mérito, no es un trabajo, no es una estrategia. Es una obra de Dios. Es mi vida. Soy amado, en todo caso. Esa es mi identidad.

¿Qué es el «*falso sí mismo*»? Todo lo que en mí no cree en lo que sobra.

El hijo pródigo vuelve en sí pensando bien del padre y en cómo trata a sus sirvientes. Yo vuelvo en mí mismo cuando pienso bien de Dios, y pienso bien de Él cuando lo veo como Padre. En cambio, me pierdo a mí mismo cuando pienso mal de Dios, y no lo veo como Padre, porque pienso mal acerca de mi origen. Y esto se convierte en vivir a base de mérito, de trabajo, de estrategias. Un modo de pensar propio de huérfanos autoprovidentes, un pensamiento desesperado que acaba en ansiedad de autoafirmación, necesidad de subrayar —del modo más disparatado— mi ego. Es la matriz esencial del miedo: el terror del abandono, el pánico a la soledad, grabado en lo más profundo de mi estructura.

Hasta ese punto estoy impulsado a ser egoísta, individualista. Porque no tengo gloria, no tengo peso específico, soy tan sutil como lo sean mis capacidades, la fuerza que tenga para no ahogarme en la nada, y todo límite mío me asusta porque no me puedo permitir ser vulnerable. Y como con esta orientación quedo vacío, necesito proyectarme en posesiones, sucesos, placeres. Y estos me esclavizan, porque sin ellos no tengo espesor. No tengo sustancia. Este es el balance final del «*falso uno mismo*». Como el del hijo pródigo antes de volver en sí, cuando se encuentra pastoreando cerdos sin pan que comer.

Todo esto pivota sobre una mentira, esqueleto de una estructura hecha de miedos —sobre todo, el miedo a la nada—. ¿De dónde parte esto?

El hijo pródigo se fue de casa porque había reivindicado su autonomía:

«Un hombre tenía dos hijos. El más joven de ellos le dijo a su padre: "Padre, dame la parte del patrimonio que me corresponde"»[7].

En griego la palabra *patrimonio* es *ousia*, que es una forma sustantivada del verbo ser: el ser, la sustancia.

Podremos traducir, de modo estrictamente literal:

«"Padre, dame la parte de ser que me corresponde"».

El padre se la da. Y como esta es una separación del padre, supone también necesidad de estar lejos del padre. He pedido *ser* por mi propia cuenta, y quiero *estar* también por mi cuenta:

«No muchos días después, el hijo más joven lo recogió todo, se fue a un país lejano y malgastó allí su patrimonio viviendo de modo disoluto».

Sobra decir que por *patrimonio* el texto griego usa la misma palabra que antes, y por tanto el texto griego es literalmente:

---

[7] Lc 15, 11-12.

«malgastó allí su ser viviendo de modo disoluto».

¿Qué quiere decir: «*de modo disoluto*»? El término griego es *asotos,* que es una palabra compuesta de un *alfa privativo,* que precede a un término derivado del verbo *sozo,* que significa *salvar*. En efecto, la traducción *disoluto* es precisa: sin salvación, sin solución. Vivir sin vía de salida, vivir sin escape. Vivir como maldito. Este hombre pensaba haber subido al tren del *ser* y en cambio ha tomado el de la *nada*.

Todo reenvía a la historia del engaño de la serpiente en el Génesis:

«No moriréis en modo alguno; es que Dios sabe que el día que comáis de él se os abrirán los ojos y seréis como Dios, conocedores del bien y del mal»[8].

La pretensión de total autonomía, y el pensar mal del padre, son el mismo arrogante acto de autoglorificación. Pero es el camino a la nada.

Y para entender cómo es la estructura de nuestro «*falso sí mismo*» se subraya el fin que ofrece la serpiente, el objetivo que alcanzar:

«...seréis como Dios...».

Así, dejada caer en medio del discurso, se perfila la verdadera mentira, pérfidamente profunda. ¿Qué me dice aquel que me invita a ser *como Dios*? Que tal

[8] Gn 3, 4-5.

como soy, no va. Eva no va, debe buscar ser otra. «*Pero, querida hijita, ¿como vas así, al natural? ¿Por qué no apuntas más alto? Un poco de sana ambición, niña mía, cambia, crece, progresa*». Y esto en realidad quiere decir: «*Estás en un nivel ínfimo; estás mal hecha, no vas bien*».

Necesitar ser como Dios es intrínsecamente necesitar tirar a la basura lo que se es. Ser otro distinto a uno mismo. Y esta necesidad deviene, en los modos más sofisticados y recónditos, un rechazo de sí mismo que, sin embargo, emerge como una ansiedad por uno mismo. El orgullo, el amor propio, son en realidad odio a uno mismo.

Hasta erosionar desde dentro las ganas de vivir y de recomenzar.

¿Por qué recomenzar, en cambio? ¡Porque vale la pena! Porque bajo todo este desastre hay algo bueno. El «*falso uno mismo*» es solo una estructura construida para enterrar viva la verdad y tratar de cancelarla; pero esta verdad sigue ahí, humilde, sencilla, esperando, como el padre de la parábola también espera.

En el fondo de nuestro ser está otro: el «*verdadero uno mismo*». La imagen según la semejanza de Dios. Está siempre ahí. Espera pacientemente que volvamos en sí, que recapacitemos.

Cuando anuncio el Evangelio, busco la verdad en el corazón de las personas —y, en realidad, es fácil evangelizar, porque esa verdad está allí esperando que se la llame—. Sepultada bajo desastres de estrategias autodestructivas —engañada por lo que ya ocurrió, por lo que se tiene y por lo que da placer— espera el espíritu de las personas, que es la imagen de

Dios impresa en las raíces del ser. Las ganas de vivir, la intuición serena de la propia existencia. El deseo de amar. La gloria de Dios, que es el hombre viviente.

¿Podríamos entrar un poco más en el contenido de esta identidad, de nuestra gloria?

Imagen según la semejanza de Dios.

Es vital hacerse una pregunta: ¿y cómo es la imagen de Dios? Hay que preguntárselo porque, dentro de lo que hemos visto hace un momento, hay una cosa: que, para destruir la vida de Eva, la serpiente se ocupa de destruir en ella la imagen de Dios. Le pinta un dios minúsculo, déspota, mentiroso, competitivo. La imagen de un triunfador individualista.

Este no es el Dios de Israel. Como máximo, es Zeus, o un dios cananeo, Moloch o Baal.

Si esta imagen gana terreno en el corazón del hombre, el hombre queda atrapado en el interior de la mentira. Y tendrá una imagen de sí mismo en consecuencia.

San Cirilo de Jerusalén, Padre de la Iglesia del siglo cuarto, dice lo siguiente:

> «*La fe es una representación interior que tiene por objeto a Dios. Es una íntima comprensión, que la mente, iluminada por Dios, consigue tener de su esencia en la medida consentida*»[9].

Consideremos que la imagen que tengo de mí mismo deriva de la imagen que tengo de Dios. Tam-

---

[9] San Cirilo de Jerusalén, *Catequesis 5 sobre la fe y el símbolo*, 11; PG 33, 519.

bién si soy ateo o un bípedo cualquiera de la más disparatada convicción, normalmente me juzgo como bien o mal hecho según un parámetro interior, es decir, según lo que creo verdadero, bello, bueno. Hablo de una cierta forma de absoluto, como yo lo percibo. Esta es la tortura de las imágenes falsas de uno mismo que derivan, precisamente, de un modelo inconsciente de verdad, belleza y bondad. Y si la imagen que tengo del absoluto, o sea de Dios, es una fantasía, corro por un camino equivocado.

Para entenderlo mejor: de la inconsciente imagen pervertida de Dios sugerida por la serpiente deriva la imagen de un macho triunfador individualista, y esta imagen me dimensiona y me llena de contradicción. Y me mata el amor en el corazón. Porque este parámetro es incompatible con un padre o con un esposo, o con un amigo. O incluso con un sacerdote.

De esa imagen-Zeus deriva la imagen de mujer modelo seductora, fortísima y absolutamente autónoma e independiente. Y si asumo ese parámetro, ¿cuándo podría ser feliz? ¿Qué clase de relaciones estableceré con las demás mujeres sino de latente rivalidad? ¿Y qué tipo de función daré a un varón? ¿Qué clase de madre seré? Ninguna mujer es verdaderamente este monstruo, pero está insatisfecha consigo misma porque no consigue ser este monstruo. Por fortuna —pero ella no lo sabe—.

El demonio trabaja fino para implantar en nosotros —por lo demás, de modo inconsciente— una imagen equivocada de Dios. Hecho eso, el resto es solo consecuencia, y uno se destruye por sí solo, porque sus parámetros son destructivos...

¿Pero cuál es la imagen de Dios a semejanza de la cual somos verdaderamente creados? ¿Quién es el Dios verdadero?

Hagamos un breve viaje, y tomemos un dato del comienzo de la Carta a los Hebreos:

> «*En diversos momentos y de muchos modos habló Dios en el pasado a nuestros padres por medio de los profetas. En estos últimos días nos ha hablado por medio de su Hijo, a quien instituyó heredero de todas las cosas y por quien hizo también el universo.*
>
> *Él, que es resplandor de su gloria e impronta de su sustancia, y que sustenta todas las cosas con su palabra poderosa…*»[10].

El Hijo, el Señor Jesús, es «*resplandor de su gloria e impronta de su sustancia*».

En el Evangelio de Juan, durante la última cena, Jesús eleva una oración al Padre, y en un cierto momento dice:

> «*Yo te he glorificado en la tierra: he terminado la obra que Tú me has encomendado que hiciera. Ahora, Padre, glorifícame Tú a tu lado con la gloria que tuve junto a ti antes de que el mundo existiera*»[11].

[10] Hb 1, 1-3a.

[11] Jn 17, 4-5.

Jesús muestra la gloria del Padre cumpliendo su obra —toda centrada en su «*hora*», la Pascua— y mostrando la gloria que Él mismo tenía antes de que el mundo existiera.

Veamos cuál es esta obra que revela la gloria que se juega entre el Padre y su Hijo bendito:

> «*La víspera de la fiesta de Pascua, como Jesús sabía que había llegado su hora de pasar de este mundo al Padre, habiendo amado a los suyos que estaban en el mundo, los amó hasta el fin*»[12].

Amar hasta el fin. Amar hasta el fondo. La primera Carta de Juan declara:

> «*Todo el que ama ha nacido de Dios, y conoce a Dios. El que no ama no ha llegado a conocer a Dios, porque Dios es amor. En esto se manifestó entre nosotros el amor de Dios: en que Dios envió a su Hijo Unigénito al mundo para que recibiéramos por él la vida*»[13].

Dios es amor. Esta es su gloria. Esta es su sustancia. Jesucristo crucificado y resucitado es la visibilidad de esta gloria.

Si estoy hecho a imagen de Dios según su semejanza, entonces también yo soy amor. El amor es mi verdad. En efecto, soy yo mismo cuando amo, cuando sirvo, cuando doy la vida por alguien. El

---

[12] Jn 13, 1.

[13] 1Jn 7b-9.

pecado no es mi verdad. El pecado es mi «*falso yo mismo*».

El Testamento de san Francisco de Asís —en el latín del mismo san Francisco— comienza con estas frases:

> «*Dominus ita dedit michi fratri Francisco incipere faciendi penitentiam. Quia cum essem in peccatis nimis michi videbatur amarum videre leprosos*».

> «*El Señor así me dio a mí hermano Francisco, comenzar a hacer penitencia. Cuando estaba en los pecados, me parecía cosa amarga ver a los leprosos*».

Una cosa es de destacar: Francisco dice: «*Cum essem in peccatis [cuando estaba en los pecados]*», en vez de decir: «*Cum essem pecator [cuando era un pecador]*». ¿Por qué? Obtuve buena calificación en historia medieval cuando estudiaba letras en la Universidad La Sapienza —pocos meses después de volver a ser cristiano— por haber dado esta respuesta al profesor Raul Manselli: para Francisco de Asís el hombre es algo bello, no es un *pecador*, está *en el pecado*. Cuando sale del pecado es él mismo.

¡Gracias a san Francisco por la buena nota! Y gracias porque, así, tan inmaduro en la fe, la percepción de este punto en el estudio de ese texto fecundó algo liberador en mi corazón —en aquel tiempo mi contexto eclesial era del todo extraño a una intuición luminosa como esta—. ¡Por casualidad fui bautizado un 4 de octubre, fiesta de san Francisco! Muchas veces en mi vida san Francisco se ha hecho presente, y esta fue una de ellas.

Lo que hay que retener aquí es que, si quiero recomenzar, existe un luminoso centro para todo el discernimiento que debo hacer: que yo soy precioso, y mis errores no dicen mi verdad.

En hebreo la palabra *conversión* viene de la raíz *shub* la cual, etimológicamente, quiere decir *volver al buen origen*. ¿De qué se debe partir para una lectura válida de uno mismo? En el fondo, es un poco lo que estamos diciendo en todo el libro: el punto de partida es convertirse a la propia preciosidad, volver en sí, en el «*verdadero uno mismo*», y abrirse al no pensar mal acerca de la propia existencia.

Hay un versículo del Evangelio de Mateo que me gusta repetir a los jóvenes:

> «*No deis las cosas santas a los perros, ni echéis vuestras perlas a los cerdos*»[14].

La cosa santa soy precisamente yo. Hay otro texto del mismo Mateo que nos puede ayudar:

> «*El Reino de los Cielos es como un comerciante que busca perlas finas y, cuando encuentra una perla de gran valor, va y vende todo cuanto tiene y la compra*»[15].

Hace muchos años, uno de mis colaboradores, Luca Teofili, hoy esposo y padre, y también músico y docente, entonces joven, decodificó este pasaje de modo

---

[14] Mt 7, 6.
[15] Mt 13, 45-46.

fulgurante: todos egocéntricos, pensando que el mercader somos nosotros, que debemos renunciar a todo por el reino de los cielos, cierto y verdad... Pero el mercader es Cristo, ¡y la perla soy yo! Cristo, él, ha venido a buscarme y cuando me ha encontrado ha dado todo para comprarme, ha derramado su sangre para poseerme.

Yo soy la perla preciosa de Cristo.

¿Quién soy yo para Cristo? ¿Quién soy yo para el Padre del cielo? Que me lo diga el Espíritu Santo, que me lo murmure, que me lo revele.

Mil veces lo he gritado a los chicos: ¡solo Dios sabe quién eres! ¡Solo Cristo sabe quién eres! Son palabras de la primera homilía, como papa, de san Juan Pablo II:

> *«¡No tengáis miedo! Cristo sabe "lo que hay dentro del hombre". ¡Solo él lo sabe!»*[16].

Cuántas veces he debido ayudar a jóvenes —y no tan jóvenes— a encontrar quiénes eran, y a mostrarles que solo Cristo lo sabe, hasta el fondo. Mi verdad es mi bautismo, mi verdad es ese que Dios Padre ha creado y redimido en Cristo.

Esto no es un permiso para dejarme conducir, esto no infravalora el pecado, antes bien, en cierto sentido, lo hace aún más grave, porque no es ya la trasgresión de un código externo, sino la traición de mi verdad, defección de mi belleza. Cuanto más com-

---

[16] San Juan Pablo II. Homilía del comienzo del pontificado, 22 de octubre 1978.

prendo lo que valgo, tanto más desentona venderme, me molesta, me disgusta. Y, sobre todo, me aleja del Padre.

Un bellísimo dicho de los Padres del desierto del siglo cuarto afirma:

> *«Un anciano dijo: "El esfuerzo y la solicitud para no pecar tienen un solo fin: no echar de nuestra alma a Dios que allí habita"»*[17].

Necesito tener a Dios que me habla, que me dice quién soy. Un Salmo dice:

> *«A Ti, Señor, te invoco, Roca mía. No te quedes callado ante mí, porque si Tú me guardas silencio, seré como los que bajan a la tumba»*[18].

Si Dios no me dice quién soy, yo me hundo en la nada.

Por eso es bueno que acepte lo que Dios dice de mí.

Acompañados por san Agustín[19] y san Francisco[20] en esta parte del sexto día, vale la pena hacer el ejercicio de ponerse ante el Santísimo Sacramento o ante un crucifijo —me gusta hacerlo ante una reproducción de la Sábana Santa— permanecer en silencio

---

[17] Hechos y dichos de los Padres del desierto. En varios sitios web.

[18] Sal 28, 1.

[19] Cfr. *Confesiones* I, 1.5.

[20] Las *Florecillas* atestiguan que Francisco, en el monte de la Verna, rezaba: «¿Quién eres tú, dulcísimo Dios mío? ¿Qué soy yo, vilísimo gusano e inútil siervo tuyo?» (*Fonti Franciscane,* n. 1915).

un poco de tiempo, y luego repasar la parábola de la perla preciosa de Mt 13, 45-46, repitiendo lentamente la pregunta: *¿quién soy yo para Ti?* Luego respirar. Y seguir así, hasta que lleguen las lágrimas, hasta que llegue la verdad, el arrepentimiento, lo que Dios quiera que llegue. Y levantarse de la oración recordando al propio corazón: «No dar las cosas santas a los perros, *ni echar tu perla a los cerdos*».

Repite esta oración. Todas las veces que necesites. Y poco a poco, mientras me pregunto quién soy para el Señor Jesús y para su bendito Padre, esta plegaria desencadena la misericordia y la compasión con los hermanos. Y da mucho consuelo.

Entonces uno se puede poner a buscar qué podría hacer de bueno.

La belleza de lo masculino y lo femenino

Viene el momento de fijarnos en la última estrofa de la poesía de la creación del hombre.

> «*Y creó Dios al hombre a su imagen,*
> *a imagen de Dios lo creó;*
> *varón y mujer los creó*»[21].

Puesto que este no es un libro de apologética, sino un viaje para la reconstrucción de la propia vida como comienzo del discernimiento, ciertamente este versículo es lo que se quiera, menos banal.

---

[21] Gn 1, 27.

«Varón y mujer los creó».

Lejos de la pretensión de conseguir explicar todo lo que contiene esta afirmación, hay que recordar las maravillosas catequesis de san Juan Pablo II sobre el ser hechos varón y mujer a imagen de Dios, todas aquellas maravillosas audiencias que tuvo en la primera fase de su pontificado [Yo era un jovencito apenas convertido y las descubrí por casualidad, cuando ya había terminado el ciclo, y me ayudó su magisterio, sobre todo para asumir el hermoso reto de la masculinidad, y entender y estimar con alegría el de la feminidad].

Y el «*verdadero uno mismo*» es varón y mujer. Más allá de todas las discusiones en que no pretendo entrar, me recibo a mí mismo varón, y tú, mujer. Es algo dado, que nos llega, con todas sus prerrogativas y su reciprocidad. La vida nace del encuentro entre varón y mujer, y quien niega este encuentro niega la vida.

Es una cuestión capital comprender que ha sido un decreto de Dios darme la masculinidad, darte la feminidad, y que la filigrana de nuestra belleza está en esto. Estoy emparentado con la imagen de Dios por medio de la masculinidad, y tú lo estás con tu feminidad.

La masculinidad es maravillosa, y habla de Dios. Es una llamada que se entiende solo especularmente con la feminidad que, del mismo modo, habla de Dios. Yo soy un sacerdote, y esto no significa ningún recorte de mi identidad masculina. Estoy convocado por este versículo a la aventura de la masculinidad.

Para ser sacerdote me es necesaria la energía de un varón y, como un esposo, estoy llamado constantemente a crecer en el amor esponsal. Exactamente como un esposo tiene que vivir el reto grandioso de hacer feliz a su esposa, como sacerdote tengo la misión maravillosa de amar a mi Iglesia.

Mi llamada me lleva a la masculinidad: debo cortejar a mi esposa, debo amarla con toda mi fuerza masculina, debo sostenerla, debo sorprenderla, debo hacer que se sienta amada, comprendida, acogida. No debo decepcionarla, y debo ser su baluarte. Me debe encontrar dispuesto para ella, y debo ser de su confianza. Es un gozo verla sonreír. ¿De qué estoy hablando? De la asamblea a la que anuncio el Evangelio.

Soy masculino en el empeño de preparar lo mejor para mi amada. Y en el hecho de pensar siempre en ella. Cualquier cosa que me suceda, siempre estoy buscando si hay algo en esto o en aquello que podría alegrar a mi esposa. Sé que también ella es débil, y sé que varias veces debo esperarla, pero muchas veces me sorprende.

La veo siempre bella, incluso cuando está triste, incluso en sus inmensas debilidades. Es un don por el que nunca daré suficientes gracias a Dios. Por habérmela dado. Debo aprender a entrar en su corazón, en su alma, y acariciarla. Cuidar de ella es lo más hermoso de mi vida.

Y ella es fecunda, y me hace padre, porque sabe hacer algo que yo no puedo hacer: concebir y gestar la vida. Yo sé fecundar, ella sabe concebir. Todo lo que hago tiene sentido si me lleva a darle lo mejor de mí. Porque yo vivo para ella. Esta es la esencia de mi experiencia de sacerdote. Esto es ser varón. Cuando evangelizo, hago estas cosas. Y construyendo la

Iglesia doy lo que en cada momento permanece como la cosa que más quiero, y en la que pienso mientras hago cualquier cosa: cómo amar a la esposa que Dios me ha regalado. Cómo servir mejor a los jóvenes que Dios me ha confiado.

Así que me lancé a educar en la fe al grupito de jóvenes, poco más que adolescentes, que Dios me había confiado. Y luego fueron llegando cada vez más, centenares, miles. Había —y hay— poco que inventar: basta quererles, como un esposo.

¿Dónde he aprendido esto? De Cristo, Él me ha amado así. Y de la Iglesia misma: he sido amado así. Y tengo un dolor agudo en el alma: no haber amado más. No me interesa tanto el bien que ha pasado a través de mi persona, estoy agradecido, pero me pesa en el corazón la certeza de que mil veces podría amar mejor. Mucho mejor.

Si te enamoras, si eres un varón, lo que das a tu esposa te parece siempre poco. Y así es para mi corazón. Cristo me ha enseñado a ser varón. No estoy satisfecho, le doy las gracias.

Y al mismo tiempo, veo brillar la gloria de Dios en tantas maravillosas hermanas, espléndidas, suaves, sabias, geniales, bellas en extremo, con una capacidad sublime de sostener a sus hombres, con una paciencia que nunca un hombre podrá tener, con una mirada solícita, que capta lo que verdaderamente hay que entender de las cosas y de las personas.

Enérgicas, con una fuerza que no es muscular, sino que es la capacidad de dominar el impacto de la vida. Ningún varón aguantaría un parto. Dentro de cada mujer hay una madre tierna y a la vez seria, que cuida de la sustancia. Y con cuánta benevolencia miran a los hombres, que saben que son tan superficiales e infantiles.

Constitutivamente las mujeres son profundas, interiores, a partir de la sexualidad, y detentan el verdadero amor a la vida. Probemos a contar los homicidios, y encontraremos trágicamente ganadores a los varones. Un varón puede ser insensible, una mujer es difícil que lo sea. Le es difícil porque «*siente*» la vida.

La serpiente es astuta, y ataca a la mujer porque si la ataca a ella ataca a la vida. Si ella cae, cae todo. También en el Apocalipsis, en el capítulo duodécimo, reaparece la serpiente antigua que va contra la mujer; y es lógico, porque destruir a la mujer es destruir la humanidad.

¿Qué mundo sería aquel en que la mujer renunciase a ser madre? Simplemente no habría ningún mundo, en ese caso. Y si las mujeres no nos dieran la ternura, ¿dónde iríamos a tomarla? Y si las mujeres no amasen la vida, ¿quién nos enseñaría a hacerlo? El amor está hecho de detalles, de atenciones, de pausas, de esperas, de consuelos y acogidas. Y esto es el corazón femenino.

Lo masculino tiene una energía propia, que sabe explorar, proponer, abrir, guardar, y tanto más. Lo femenino tiene su fuerza específica, que sabe intuir, acoger, acudir, asegurar, dejar crecer, y aún más.

¡Pero la belleza puede quedarse solo en la estética! Se puede poseer una dotación grandiosa pero toda dedicada al narcisismo.

Si «*varón y mujer los creó*», queda señalada la conjunción. En hebreo, como en otras lenguas, hay diferencia entre la partícula *y* —en hebreo *waw*— y la partícula *o* —que en hebreo es prácticamente idéntica— *'o*.

Por hacer el pedante, *y* consiste en una conjunción copulativa positiva, mientras que *o* es una conjunción disyuntiva.

Dios no ha creado al hombre varón *o* mujer, sino varón *y* mujer. Y el plural —*los* creó— especifica que son fruto del mismo acto.

Si la humanidad fuese genérica, y fuese varón o mujer, estas serían vidas independientes, y serían simples individuos de la misma especie.

Es de notar que en el relato de la creación el hombre es el único tipo de vida que no responde a la definición de «*especie*». De la vida vegetal en adelante todo es «*según su especie*», pero no el hombre. El hombre es relación, y esa conjunción positiva indica que en su código tiene la nota de la esponsalidad. En efecto, repitámoslo, la vida humana nace del encuentro entre lo masculino y lo femenino.

Todas esas cosas bellas que hemos dicho antes, si no devienen actos esponsales, son cosas estériles o incluso peligrosas.

Casarse. Unirse. No es una cosa que competa a los novios, sino a todos. En cada acto yo soy uno que se une, o uno que actúa por su cuenta.

Usamos expresiones del tipo: «*Me he casado con este asunto*», o incluso: «*No te has casado con la idea*» —interesantes casos de matrimonios mixtos—.

Uno se casa, se entrega a las cosas, se une a las cosas, o no. ¿Haces una cosa casándote con ella, o manteniéndote al margen? Hay personas que están legítimamente casadas toda una vida, pero no se han entregado nunca, no están unidas, son un *o*, no un *y*. ¿Estoy yuxtapuesto a las personas, o me uno a ellas? Toda la vida puede ser una fría prestación o un cálido matrimonio. Un cura, o se pone con todo su ser dentro de lo que hace, o hace de profesional, frío como el mármol.

Dios nos ha dado esta característica esponsal: podemos unirnos a las cosas, podemos darnos en lo que hacemos. No operamos nada válido si no estamos dentro de esa conjunción *y*. Cada acto humano o está abierto al amor, a la comunión, o es un engaño.

Pero, más allá del reto vital de la vida afectiva, ¿con qué otra cosa nos debemos conjugar?

PLATOS QUE FREGAR

Aquí está el segundo aspecto:

> «*Dijo Dios:*
>
> *"Hagamos al hombre a nuestra imagen, según nuestra semejanza. Que domine sobre los peces del mar, las aves del cielo, los ganados, sobre todos los animales salvajes y todos los reptiles que se mueven por la tierra"*»[22].

El verbo *dominar* se presenta en este versículo como la realización de la imagen según la semejanza. En el texto hebreo se usa la raíz verbal *radah* que, según los especialistas, indica un *dominio* ejercitado con estas características:

[22] Gn 1, 26.

«... el señorío del hombre es una posición de poder concedida por Dios al hombre y debe servir al conjunto del ordenamiento divino. El dominio del hombre debe resultar positivo para la parte dominada, y ejercitándolo el hombre debe dar buena prueba de sí en cuanto hombre y seguir siendo humano»[23].

Así entendemos que el dominio no es apropiación sino buen gobierno, servicio, valoración.

Dominio. Potestad. Gobierno. El hombre —varón y mujer— está dotado de su potestad. Toda persona tiene un gobierno que ejercer, y haciéndolo, ejercita su semejanza a imagen de Dios.

Partamos de un ejemplo negativo. Hay algo inquietante en la respuesta que Caín da al Señor cuando este le interroga sobre su hermano Abel, que él acaba de matar:

«Entonces el Señor dijo a Caín: "¿Dónde está tu hermano Abel?". Él respondió: "No lo sé. ¿Acaso soy yo el guardián de mi hermano?"»[24].

Así hablan los asesinos de cualquier nivel. Los asesinos en general dicen cosas del tipo: «Ese es tu problema».

¿Acaso soy yo el guardián de mi hermano? Reflexionemos. Sí. Cierto. ¿Es quizá Caín el guardián de su hermano menor, Abel? ¡Claro que lo es! Todo hermano mayor tiene este instinto. Es aquí donde se

---

[23] *Grande Lessico dell'Antico Testamento*, Paideia, Brescia 2008, vol. VIII, p. 222.

[24] Gn 4, 9.

traiciona la propia autoridad, cuando las relaciones son un *o* —como decíamos antes—, cuando se convierten en rivalidad, competición. Y esto es la abominación de las relaciones. Porque todo hombre es un guardián de alguien, toda mujer lo es.

¿Qué *dominio* me ha dado Dios? ¿De quién soy guardián? Todos, absolutamente todos, tienen alguien de quien ocuparse. Quizá incluso tu compañero de prisión.

Y no solo.

Tengo cualidades que me dan gobierno sobre algo. Hay siempre un bien que yo puedo hacer, y que solo yo puedo hacerlo. Es el lugar donde manifiesto mis habilidades. Hay algo que cuido yo. O no.

Ahí está una generación que alza las manos, que tiene como eslogan «*¿Acaso soy yo el guardián de mi hermano?*». Gente que se quita de en medio, ejércitos de liberados, cultivadores de la actuación sin riesgos, elaboradores de excusas bien estudiadas, pilotos de carreras de huida de las cosas. En Roma se dice «*fare le cose con la mano sinistra*», y no es un dicho para zurdos, sino para diestros. Se refiere a quien hace mal las cosas, sin amor, sin cuidado.

Vivir al mínimo, sin apretar el acelerador, deshojar la vida y no vivirla superficialmente, sin profundidad, sin implicarse. Vivir de pausas-café. Sin perseverancia, sin resistencia.

Vivir sin prestar atención a las cosas.

Esto no es una reprimenda moralista, que por otra parte no sirve para nada. Esto es para despertar y no perder el tren de la belleza.

Incluso las cosas sublimes, si se hacen a lo «ya vale», son una chapuza.

Pero es verdad también lo contrario: las cosas menos relevantes, si se hacen con amor, se convierten en sublimes.

Uno de los momentos más importantes del renacer de mi vida, el que me ha llevado al sacerdocio —después de una fase de amargo estancamiento en el tiempo de mi formación— nació de una cosa muy pequeña. Estaba en un momento de crisis profunda, pensaba que lo había malentendido todo, había perdido el gusto por mi aventura y me veía ante el vacío. Un día antes me había entrevistado con el Rector, y estaba totalmente a oscuras.

Estaba fregando los platos. Me había puesto a fregar solo, me traían las montañas de platos, y como el lavaplatos no funcionaba al ritmo del comedor, alguien debía sacrificarse para fregar también a mano. Había elegido ese servicio porque así podría estar solo. Lo necesitaba. Estaba de espaldas a los que pasaban, y podía permitirme llorar. Allí todo era correr agua. Y ese día me paré un instante. Agarré el último plato y me puse a mirarlo. Y pensé: ¿qué me queda a mí? ¿Qué queda de mi vida? No entiendo ya mi pasado, y mi futuro me da miedo. Y pasó el Espíritu Santo. Miré el plato y pensé: solo me queda lavar este plato. Yo no soy otro. Solo puedo lavar este plato. Lo lavé. Lo puse a secar y agarré otro. Y me pregunté: ¿qué es este plato? Un momento de vacilación, y vino la respuesta: es un hermano mío que comerá en él. Y pensé: no tengo luz sobre el pasado y tengo terror del futuro, pero tengo un presente. Y mi presente es esto: lavar un plato para un hermano mío. Lo puedo hacer bien. Es todo lo que tengo.

Algo se quebró dentro de mí. Lavé ese plato con cuidado. Luego otro más. Había entrado en la realidad. Al día siguiente volví a mi puesto para ver si aún era tan luminoso fregar los platos. Y así era. Y pedí poder continuar después de mi turno. Comencé a hacer así las cosas. Con amor, haciéndolas bien. Y limpiar el baño que compartía con otro seminarista, y barrer la habitación, y estudiar la asignatura que no me atraía, y todos y cada uno de los fragmentos de la realidad. Los agarré uno por uno. Plato por plato.

Había descubierto mi capacidad.

Comencé a experimentar una nueva paz, a entrar en las cosas. Era tan pobre que no tenía otra cosa que cada instante, y no me podía permitir andar con remilgos. Lo que era, era. Y estaba sereno. Era un plato que fregar para un hermano. Dos años después me ordené sacerdote, serenamente, tranquilamente. Dejando que de plato en plato las cosas me llevasen allá donde quisiera la Providencia.

De plato en plato he llegado hasta hoy.

Es hermoso entrar en las cosas. Hacer las cosas bien. Cuanto mejor las haces, más contento estás. Es estupendo ver a alguien feliz por un servicio que le has hecho. Y es hermoso incluso si nadie te lo agradece. Incluso más.

Porque trabajar es hermoso en sí mismo. Y si alguien lo duda, que hable con un parado. Un parado sufre mucho por la preocupación económica, pero el nivel más profundo de su desasosiego es sentirse inútil. Un anciano padece mucho si nadie le necesita.

Trabajar es amar. El meollo del trabajo es el servicio, no la ganancia. El sueldo es la consecuencia, no la sustancia del trabajo. Si, por una parte, defraudar la justa retribución a los operarios es un pecado que grita en la presencia de Dios, es decir, uno de los pecados más graves —lo decía el Catecismo de san Pío X y lo repite el Catecismo de la Iglesia Católica[25]—, por otra parte trabajar solo por el dinero es una patología del trabajo. Si el trabajo no está orientado a la bondad del servicio, el único día que tiene sentido es ese en que te pagan, y volvemos a la mediocridad que he descrito antes. Figúrate lo que es que alguien asista a un enfermo solo por dinero, o limpie una calle solo por dinero, o cocine solo por la ganancia, o dirija una empresa solo por enriquecerse.

En cambio, ejercitar la propia habilidad es hermoso, y desde niños lo deseamos. Construir algo, hacer algo bueno. Todo se embellece.

Repito: es hermoso trabajar, aunque nadie te lo agradezca. Vale la pena recoger aquí una frase del Evangelio:

> «*Pues igual vosotros, cuando hayáis hecho todo lo que se os ha mandado, decid: "Somos unos siervos inútiles; no hemos hecho más que lo que teníamos que hacer"*»[26].

Normalmente, la interpretación habitual es la de una humildad que llega hasta el desprecio de la propia obra. Ser un siervo que no sirve para nada. Pero el texto griego no dice exactamente eso. El término *inútil* es una traducción del término *achreios,* que toma la acepción de inutilidad del sentido de «*alguien que no debe ser*

---

[25] Catecismo de la Iglesia Católica, n. 1867.
[26] Lc 17, 10.

pagado» —pensándolo bien, es el sentido etimológico de la palabra *inútil*— sin paga, sin ganancia. Quiere decir: cuando hayáis hecho todo lo que se os ha mandado —por Dios, se entiende— decid: ¿y me quieres pagar? ¡Si era lo que debía hacer! ¡Es una gracia trabajar!

San Pablo dice de su ministerio:

> «*Porque si evangelizo, no es para mí motivo de gloria, pues es un deber que me incumbe. ¡Ay de mí si no evangelizara! Si lo hiciera por propia iniciativa, tendría recompensa; pero si lo hago por mandato, cumplo una misión encomendada. ¿Cuál es entonces mi recompensa? Predicar el Evangelio entregándolo gratuitamente, sin hacer valer mis derechos por el Evangelio*»[27].

Anunciar gratuitamente el Evangelio es la recompensa.

El trabajo es hermoso por sí mismo, porque es el espacio propio del amor fraterno. Y es el modo para ser yo mismo, y por tanto amar. Tengo habilidades y las pongo en acto, y sirvo así a alguien.

Para hacer discernimiento, esto es muy importante: se trata de volver al ejercicio del quinto día, cuando hicimos el elenco de las gracias de nuestra vida. Y aquí conviene enriquecer ese elenco con la lista de nuestras potestades. Hay que caminar por la ruta de la propia autoridad, de las propias habilidades.

Hay alguien y algo que me protege. Lo que sé hacer. Se me brindan oportunidades, en las cuales sé hacer algo bien. Y estamos precisamente buscando qué somos.

---

[27] 1Co 9, 16-18.

Conviene caminar en la propia autoridad. Aprovechar las oportunidades que la vida nos proporciona. La obra del maligno es no dejarnos hacer aquello que hacemos bien: dispersarnos en otras cosas, también santas, como hemos ya visto.

Tienes una mujer: ¡pues ámala, bendito! Tienes u hijo: ¡edúcalo! Tienes un amigo: ¡frecuéntalo! Tienes un cuerpo: ¡cuídalo! Sabes hacer bien una cosa: ¡pues hazla, diantre! ¡Pisa el acelerador de la vida! ¡Entra en las cosas! ¡Agarra lo que tienes a mano!

¿Por qué decir esto? ¿Es un reproche? ¡No! ¡Lo digo precisamente porque no eres banal! Porque si Dios te ha dado esta posibilidad, quiere decir que confía en ti. ¡Acepta la confianza que Dios te otorga! Come, habla, camina, escucha. Y todo, ¡hazlo de verdad! Porque vale la pena. Porque eso es vivir.

Nuestras prerrogativas, por sí mismas, no son afirmaciones de nuestro ego, sino una maravillosa responsabilidad. En efecto, es hermoso vivir según la gracia recibida, poniéndola al servicio de los demás:

> *«Que cada uno ponga al servicio de los demás el don que ha recibido, como buen administrador de la múltiple y variada gracia de Dios. Si uno toma la palabra, que sea de verdad palabra de Dios; si uno ejerce un ministerio, hágalo en virtud del poder que Dios le otorga, para que en todas las cosas Dios sea glorificado por Jesucristo. Para él es la gloria y el poder por los siglos de los siglos. Amén»*[28].

---

28 1P 4, 10-11.

Cada uno tiene una auténtica potestad, basada en la inmediata realidad, mientras que la serpiente le hace buscar una potestad falsa, fundamentada en hipótesis. Si estás en la verdadera, es maravilloso. Si estás fuera, es grotesco, ridículo, fracasado, dramático.

Y alguien podría decir: ¿y cuál es la potestad de un niño afectado por el síndrome de Down? Dar su cariño sin condiciones, sacar de todo lo mejor de sí. Tiene el poder de convocar al amor a quien lo rodea.

¿Qué potestad tenemos cada uno de nosotros? Ser a imagen de Dios, y por tanto, con un gobierno. Cada uno de nosotros tiene un gobierno al que no debe renunciar. Se habla de ejercitar una multiforme gracia de Dios, no de un poder.

La gracia de Dios, ¿cómo pasa por mi persona? Pasa, para cumplir su finalidad. ¿Cómo pasa la gracia de Dios por mi persona? Pasa buscando su objetivo. ¿Puede hablarse así?

Es el momento de pasar al último aspecto.

El paraíso son los demás

Ya hemos llegado a la bendición:

> «*Y los bendijo Dios y les dijo:*
> *"Creced y multiplicaos, llenad la tierra"*»[29].

Aquí está el estadio último del discernimiento de primer nivel: generar vida. El parámetro final de todo

---

[29] Gn 1, 28.

lo que hemos visto es la vida de otro. Cada cosa que hemos dicho es un camino que parte de la soledad y se dirige a la relación. Cada cosa que harás, para recomenzar, tiene un término que da valor a todo: comprobar si te lleva a generar la vida.

El amor es la luz que guía para reconocer las primeras evidencias, y el amor es la verdadera prioridad; la otra es mi bendito límite; cada inspiración es un movimiento de amor, porque viene del Espíritu Santo, que es amor; las humillaciones, si se acogen, nos hacen capaces de actos pascuales, que son actos de amor; las propias bendiciones se identifican siguiendo las huellas de la manifestación del amor en nuestra vida. En suma: el parámetro de todo es la vida de otro. Esa es la fecundidad.

Si estoy haciendo un buen recorrido no lo digo yo, lo dicen los que están a mi lado. Es a ellos a quienes hay que preguntárselo. Porque mi esencia de hombre es mi capacidad de generar vida.

Mi paternidad.

Esposo o esposa por ser varón o mujer, *in primis*, y luego capaz de mostrar mi potestad en el gobierno de lo que Dios me da; pero el término último es que soy padre o madre.

El viaje de la persona humana es de hijo a padre, de hija a madre. Convertirse en padre es el logro de la madurez masculina, y convertirse en madre es el cumplimiento de la evolución femenina.

Muchos siguen siendo hijos, hijas. Un hijo es alguien que recibe, un padre es alguien que da. Una madre es alguien que cuida, una hija pide que la cuiden. Muchos se quedan enganchados en la falta de plenitud, en la sed de vida, en la pretensión de que les cuiden. Es un escalón, el de la paternidad-maternidad, que requiere la pérdida de sí mismo, acabar con la autoreferencialidad.

Algunos hombres saben ser buenos amadores, pero luego son pésimos cuidadores de su esposa y de sus hijos. Solo son inmaduros.

Algunas mujeres son muy bellas, deseables y dotadas, pero son esclavas del propio ego, y no saben cuidar a nadie con continuidad.

Actualmente tenemos ciertamente más mujeres maduras que hombres maduros. Y si muchas muchachas están preparadas para el matrimonio, pocos chicos lo están. Y esto es trágico.

Si hay alguien que hoy está en crisis es el varón, pero esto lo pagan las mujeres, desde muchos puntos de vista.

Se trata de un proceso histórico donde los varones se han destruido a sí mismos atacando la autoridad por rivalidad —en los últimos siglos— y minándola en sus raíces, hasta vaciarla de dignidad. Entonces las mujeres han tenido que llenar este vacío y, apropiándose tal vez de la tentación tan masculina del poder, han dejado que los hombres a menudo desaparecieran. Y ahora faltan varones maduros. Pero mientras, las mujeres son más capaces de permanecer fieles a sus raíces: y madres, en definitiva, las hay. En cambio, nos faltan padres. Porque necesitamos un recorrido íntegro.

La madre es un sí, el padre debe saber ser un no. El padre y la madre son como una puerta que es defensa del exterior y protección en el interior.

Me gusta un pasaje de un libro del psicólogo Roberto Marchesini:

«El padre —como escribió Sigmund Freud (1856-1939), el padre del psicoanálisis— es quien pone un límite; la madre eliminaría todo obstáculo en el camino del hijo; el padre atestigua que hay algo más importante que él, para la madre nada es más importante que el hijo; el padre enseña a sufrir, la madre tomaría sobre sí cualquier infelicidad del hijo; el padre educa a pagar; la madre querría extinguir con la vida cualquier deuda del hijo; el padre recuerda la renuncia, la madre sueña con que al hijo se le ahorre cualquier privación; para la madre la vida del hijo es sagrada, para el padre la vida se hace sagrada (sacrificada) por los demás o por algo aún más sagrado; la madre da la vida, el padre tiene el deber desagradable pero necesario de repetir "memento mori", acuérdate de que debes morir. La madre enseña a vivir; el padre enseña a morir, después de haber dado un objetivo a la propia vida y enseñar a vivirla con honor.

Si no hay nada por lo que valga la pena gastar la vida, esto es lo que vale la vida: nada. ¿Cuántos jóvenes mueren literalmente por nada, o sea, después de una velada de vacía diversión? ¿Cuántos suicidios de nuestros adolescentes y jóvenes son la reacción de quien no sabe cómo comportarse ante un fracaso? ¿Cuántos homicidios de mujeres jóvenes son causados por un "no" dicho a quien nunca había recibido uno, y pensaba que todo deseo suyo era una orden para los demás?»[30].

---

[30] R. Marchesini, *Quello che gli uomini non dicono. La crisi della virilità*. Milano 2011.

Palabras graves, serias. El mundo necesita padres. No es que falten vocaciones en la Iglesia, eso es solo el resultado de un problema distinto: nos faltan adultos. Nos faltan padres. Y no es que le falten a la Iglesia, le faltan al mundo. Y como reacción, corremos el riesgo de que abunden las madres hipertróficas, omnipresentes, omniscientes, omnipotentes. Omnívoras.

Pero *padre, madre* son el nombre de dos relaciones.

Adán se ve varón frente a Eva en el capítulo siguiente del Génesis[31]. Solo en la relación somos nosotros mismos. El otro te hace tú mismo, el otro te saca lo mejor de ti, te hace salir finalmente fuera de la mentira. El embrutecimiento deriva del hecho de que te faltan relaciones.

Hay ciertas cosas que solo se pueden hacer lejos de los demás; en el fondo, solo en la hipocresía se pueden cometer tantos pecados.

Son los demás los que me hacer ser yo mismo, son los hijos los que me convierten en padre.

Carlo Ancona, uno de mis colaboradores, que es médico, decía una vez: «Cuando volví del hospital con mi mujer y mi primera hija recién nacida, en el fondo esta personita era una extraña. Me decía: ¿pero quiero a esta cosita? En el fondo era como un huésped. Luego tuvo un ataque grave de tosferina. No respiraba. Tuvimos que acudir a urgencias. Pasé una noche esperando que mis colegas me dijesen cómo estaba, a la vista de la gravedad del caso. Lloré toda la noche. Cuando volví a casa con ella en mis brazos, me había convertido en padre de esta niña».

---

[31] Cfr. Gn 2, 18-24.

En el momento en que mi hijo me necesita, yo me convierto en padre, estando en relación con él. Se convierte en mi hijo en el momento en que lloro por él, sufro por él. Cuando estamos solos, no podemos sino caer en lo peor de nosotros mismos. Y salimos del amor, porque solo el amor es nuestra verdad; y el amor es relación, el verbo amar es transitivo.

Solo el amor explica nuestra existencia, yo soy yo en el amor. El amor es el punto de llegada de mi recorrido humano, solo el amor me identifica, solamente cuando amo giro a toda velocidad. Cuando sirvo, florezco.

Dios no es una divinidad abstracta, es indefectiblemente, inequívocamente, Padre. Y en su misericordia brilla su Maternidad.

El rechazo de la masculinidad es rechazo de la paternidad, y así es también para la feminidad.

Todos los actos de la vida que no son relación son falsos. Todos los actos individualistas, donde los demás no son tenidos en cuenta, son mentira. En la Iglesia, estos se llaman pecados. Son distorsiones de la naturaleza humana.

El pecado no es la verdad, el pecado es mentir a la vida humana. De ahí deriva que yo no tenga otra identidad auténtica sino por las relaciones que mantengo, de hecho, tampoco Dios es solo Dios y nada más, sino que es también Padre, es Dios Padre. Dios y nada más no nos interesa, eso es filosofía, no salva a nadie.

En cuanto Padre, él es Creador y Omnipotente. Su omnipotencia no la comprendemos porque la escindimos de su paternidad. Si nosotros fuésemos omnipotentes, impediríamos enseguida el mal, y para hacerlo tendríamos que quitar la libertad, transformando el mundo en una jaula, en una prisión; en cambio, Él es Omnipotente en cuanto Padre, y en esta clave es Creador. No ha hecho las cosas de manera que todo sea igual: ¿quieres ver si un padre estaría contento de tener ocho hijos todos idénticos? No, todos diferentes, porque es padre, porque los ama personalmente, singularmente, uno por uno.

Dios es Padre, es relación.

Como consecuencia del pecado, estamos preocupados por nosotros mismos. Y esto infecta nuestra autenticidad, y olvidamos el hecho de que existimos solo y verdaderamente en cuanto somos para alguien. De otro modo, no somos.

Los sordociegos, al ser sordos son también mudos, y por tanto no tienen ninguna relación, ¿y qué pasa? Que hay que comenzar a hablar con ellos a través del tacto y del olfato. Hay un lenguaje que pasa por los dedos. Una amiga que se dedica a cuidarlos, me contaba cómo una sordociega, hablando con los dedos, le decía: mis hermanos esperan una palabra. Eran los demás sordociegos. ¿Estamos seguros?

Si no te llega una palabra, tú no eres, si no le das una palabra a nadie, no eres. El pecado nos convence de que debemos ser prescindiendo de los demás. Pero somos todos sordociegos que se alegran si les llega una palabra, y se conmueven si pueden finalmente decir una palabra a alguien.

La frase «*En verdad te digo: hoy estarás conmigo en el paraíso*»[32] es de una profundidad abismal. Todos

---

[32] Lc 23, 43.

pensamos que la cosa más importante en ese texto es la mención del paraíso. No, la cosa más importante es *conmigo*. Conmigo estarás en el paraíso; estar en el paraíso quiere decir estar conmigo —el paraíso no es estar en un lugar, sino estar con alguien—.

El punto de llegada de todo es la fecundidad, es decir, la vida de otro: que alguien exista por tu causa, que alguien sea feliz por tu causa. Esto es la fecundidad.

Esta es la última pregunta, la que me haré antes de morir: ¿he dado la vida por alguien? Esa me retratará, me dirá la verdad de mi existencia.

Viendo llegar mi último día no me preguntaré si he tenido éxito, si me lo he pasado bien, si he tenido lo que quería. Me preguntaré si he hecho algo bueno por alguien.

Habré vivido verdaderamente si puedo responder que sí.

Tener la impronta de la naturaleza divina dentro de sí, tener la imagen de Dios, quiere decir ser fecundo, tener deseo de generar vida, de procurar vida, de cuidar la vida, de cultivarla.

La fecundidad me parece el más nítido de los principios de discernimiento.

Una de las cosas más inútiles es hacer discernimiento para llegar a entender *quién soy,* pues la verdadera pregunta es: *¿para quién soy?* Estar contento de mí mismo —para mí mismo y nada más— será mi horror. Si al final no me abro a nadie, ni siquiera yo soy alguien.

Este es el ejercicio para dar en la diana: dejarse clavar por la pregunta *¿yo para quién soy?*

Mirar alrededor, y comenzar a responder.

Un muchacho puede orientar toda su vida a su fecundidad.

Por la salvación que hay para nosotros en el Señor Jesús, podemos dar fruto, y procurar vida, y no ser absorbidos por el vacío de nuestro ego.

Esto llevará a interrogar cada línea de acción de la vida: ¿hay alguien al final de lo que estoy haciendo, o estoy solo yo? Quiero hacer esta cosa: ¿a quién me llevará?

Existen actos fecundos y actos infecundos. Y esta luz siempre está encendida.

Habíamos iniciado el camino para recomenzar, y hemos descubierto que recomenzar no significa solo recomenzar, sino también abandonar. Muchas otras cosas.

Romper con la dejadez, desmarcarse de las falsas prioridades, dejar de rechazar los límites, desobedecer a las sugestiones, no seguir las maldiciones, no dejarse atrapar por aquello que no es «lo mío», romper las imágenes falsas de Dios y de uno mismo, no envidiar las capacidades de los demás. Todos ellos, actos infecundos.

La reconstrucción acaba en la fecundidad: hemos partido de nuestra vida y llegamos a la vida de los demás. Nuestra curación es la felicidad de otro. La única alegría es la que procuramos a los demás. La única riqueza auténtica es la que damos; las cosas que posees y que no regalas son las que te poseen a ti; en cambio las cosas que regalas son las que tú posees, porque decides tú, y eso se ve por el hecho de que puedes regalarlas.

Al fin y al cabo, esta es la curación, porque uno no tiene ya un ego cargante y famélico, se ha hecho fecundo, y curiosamente, ha llegado a ser él mismo.

«El hombre logra ser él mismo saliendo de sí mismo. Ahora bien, Jesucristo es precisamente el hombre totalmente salido de sí mismo, y por tanto el hombre que verdaderamente ha llegado a ser él mismo»[33].

---

[33] J. Ratzinger, *Introducción al Cristianismo*.

HACIA EL DÍA SÉPTIMO

El don del alimento

Una dieta para seguir siendo libres.

«*Y dijo Dios:*

"He aquí que os he dado todas las plantas portadoras de semilla que hay en toda la superficie de la tierra, y todos los árboles que dan fruto con semilla; esto os servirá de alimento. A todas las fieras, a todas las aves del cielo y a todos los reptiles de la tierra, a todo ser vivo, la hierba verde le servirá de alimento". Y así fue. Y vio Dios todo lo que había hecho; y he aquí que era muy bueno. Hubo tarde y hubo mañana: día sexto»[1].

No nos hemos olvidado del final del día sexto. Es el final de nuestra aventura, se ve por sí misma.

Tiene dos aspectos, y el primero responde a la sacrosanta pregunta que alguno podría hacer: y si consigo vivir todas las cosas que aquí se han dicho, ¿qué pasará luego? ¿Cómo hago para no volver a lo destructivo e infecundo?

---

[1] Gn 1, 29-31.

Lo que aparece macroscópicamente al final del sexto día es el don del alimento.

El tema de la nutrición resulta neurálgico. Si aquí vemos que el don del alimento se presenta como culmen del acto de la creación y signo de la providencia paterna de Dios, será precisamente comiendo mal como el hombre perderá su gloria, apenas dos capítulos más allá de nuestro texto. Y se convertirá en una sombra de sí mismo.

El alimento será la primera tentación de Jesús en el desierto, y no por casualidad.

La relación padre-hijo pasa por el pan, tema central también en la oración del Padrenuestro, y en la última cena será reiterado en la Eucaristía. Jesús dice en el Evangelio de Juan: «*Yo soy el pan que ha bajado del cielo*»[2], y el Paraíso se presentará en varios textos como un banquete.

Es suficiente para entender que este es un argumento vital. ¿Cómo podría no serlo, tratándose de alimento?

Conviene fijarnos, por lo que ahora diremos, en la necesidad de nutrir la vida buena, y «comer el propio pan»[3]. Alimentar el bien.

De otro modo, todos los pasos sanos que se han dado pueden quedar en nada.

Por otra parte, la cosa más difícil, en general, no es adelgazar, sino seguir estando delgado…

---

[2] Jn 6,41.
[3] 2Ts 3,12.

Hay un pasaje del profeta Isaías que puede servir:

> «*Mirad, la virgen está encinta y dará a luz un hijo,*
> *a quien pondrán por nombre Emmanuel.*
> *Nata y miel comerá*
> *hasta que sepa rechazar lo malo*
> *y elegir lo bueno*»[4].

Rechazar el mal y elegir el bien. Esto sucede cuando el discernimiento funciona. Este es el fruto de un recorrido de discernimiento.

Y curiosamente el texto relaciona nutrición y discernimiento. Comer nata y miel para llegar a aprender el discernimiento.

¿Qué dieta es esa? ¿Qué representan la nata y la miel?

Hace muchos años pasamos unos días con un grupo de chicos y se lo preguntamos, y dieron con los datos para acertar con la respuesta.

La nata es la parte grasa de la leche, la parte más nutriente de este alimento fundamental desde los primeros días de la vida. La miel es la forma histórica de endulzar —el azúcar aparece mil años después de este texto—.

Por tanto: lo dulce y lo nutriente son el alimento del Emmanuel.

Comer lo bueno y lo nutriente para llegar a la sabiduría. Es así como se llega a ser sabio. Para ser capaz de distinguir hay que comer cosas buenas y sustanciosas.

---

[4] Is 7, 14-15.

Está claro, si lo pensamos bien: si uno quiere convertirse en experto en vinos, no bebe vino en tetrabrik. Si bebes vino barato, cuando te dan el bueno te parecerá muy fuerte. Y si eres aficionado al vino blanco de dos euros y medio, es inútil que te den un buen Albariño.

Pero si eres aficionado al buen vino, cuando te dan un vino insulso, te das cuenta enseguida de que no vale nada. Tienes un buen parámetro.

¿Quieres ser experto en pintura? Te debes introducir en las verdaderas obras de arte. Si durante toda tu vida solo has visto lo que pintan pintores ambulantes, no sabrás distinguir entre una obra de arte y un disparate.

Si uno ha crecido con alimentos genuinos, tiene nostalgia de ellos toda la vida, y siente enseguida si otros son artificiales.

He tenido amigos provenientes de un pueblo de pescadores, y he intentado en vano llevarlos a comer pescado, porque decían: «De verdad, déjalo..., vosotros los romanos no sabéis qué es el pescado fresco».

Si uno come porquerías, no le des cosas finas, no las aprecia.

¿Quieres educar a un niño con el sentido de la belleza? Introdúcelo poco a poco en las cosas más bellas, más verdaderas.

Si una persona está habituada a la limpieza, lo sucio le molesta.

Se aprende del bien. Equivocándose se aprende, sí. Pero solo aprendemos que nos hemos equivocado. Si quieres aprender alguna cosa, acude a quien sabe hacerla.

Entonces el camino para mantenerse en la belleza es alimentarse de belleza. Comer lo bueno y nutritivo.

Aquí está el último ejercicio: hacer el elenco de las cosas que nos sientan bien. Y tener ese elenco siempre a mano, para añadir cosas nuevas, y sobre todo para usarlo. Recordar y repetir las cosas que nos han ayudado otras veces a recuperar el buen camino.

Comer bien. Y no comer mal.

Si has comido mal en un restaurante, no vuelves, ¿a que no? Entonces si una cosa te ha hecho daño, no la repitas.

Lo que querría es tener siempre el tiempo para hacer y compartir con los jóvenes las cosas buenas —de todo tipo— que la Providencia me ha dado. Esto también es evangelizar. Pasar un rato explicando un mosaico puede educar en la vida cristiana mucho más de lo que alguno piensa.

En efecto, históricamente, la Iglesia ha sido siempre un lugar de arte.

Alimentémonos regularmente de cosas bellas, de actos bellos, y lo feo no tendrá nada de interesante. Pongámonos cerca de las personas sensatas, de las humildes, de las que saben amar. Y permaneceremos en la belleza.

* * *

Y hemos llegado al final, la última palabra del relato de la creación, la última nota del ADN de la realidad, la que inaugura el séptimo día, el de la alegría, de la consolación y del descanso.

«Y vio Dios todo lo que había hecho; y he aquí que era muy bueno. Hubo tarde y hubo mañana: día sexto»[5].

En todos los días, salvo el segundo, ha aparecido esta frase; en algunos, incluso dos veces; pero aquí, y solo aquí, aparece el adverbio *muy*.

Después de haber creado al hombre, y después de terminar la creación, el hombre y todo lo creado son cosas muy buenas.

Todo nuestro viaje ha sido para redescubrir esto. Que somos algo muy bueno. Lo hemos visto de mil modos.

Es el motor de la salvación, es el punto de partida para reconstruir, es lo que hay que defender cuando se ha recomenzado, y lo que hay que cultivar en el prójimo.

Cualquier persona que se nos acerque, debe poder encontrar en nosotros a alguien que le ayuda a redescubrir su propia belleza.

Todo padre tiene este encargo: enseñar a los hijos el camino de su belleza. De su bondad. Que es mucha.

Nunca podré olvidar las palabras de san Juan Pablo II en una de las primeras Jornadas Mundiales de la Juventud, celebrada en Roma en el Domingo de Ramos. Era el 15 de abril de 1984. Yo era un muchacho muy herido aún, a pesar de haber vuelto a la fe, y aquel día con sus palabras suscitó algo doloroso en mí, e hizo saltar algo que me reconciliaba con mi ser de hombre. En un cierto momento, durante la homilía, hizo esta pregunta:

---

[5] Gn 1, 31.

«¿Cómo debe ser el hombre? ¿Qué hombre vale la pena ser? ¿Quién debo ser yo, para llenar de contenido esta humanidad que se me ha dado?».

Y poco después gritó estas palabras, que se clavaron en mi corazón:

«¡Vale la pena ser hombre,
porque tú, Jesús, has sido hombre!».

AGRADECIMIENTOS

Debo la idea original de esta aventura al ya citado don Paolo Iacovelli, y a los demás sacerdotes con quienes trabajamos en la primera propuesta sobre los seis días de la creación: don Roberto Liani, don Marco Ceccarelli, don Julio Lavin, don Norman Insam, don Giuseppe Petrioli, don Mauro Storaci, don Piotr Belczowski y el diácono Roberto Proietti (espero no haber olvidado a nadie), que pusieron su preciosa contribución.

Al tiempo, el experimento fue desarrollado en los encuentros de los primeros viernes de mes en la Basílica de San Marco en Piazza Venezia —con la amigable y paterna compañía de Mons. Angelo De Donatis, hoy mi ordinario en cuanto Vicario del Santo Padre—. Su ayuda fue —y es— para mí, imprescindible y luminosa.

Luego, con los grupos vocacionales, he recorrido más veces este camino, para revivirlo cada vez mejor, también gracias al P. Ismael Barros, que en estos años estuvo a mi lado enseñándome un océano de cosas, y enriqueciéndome con su fe límpida, radical, bella.

En un cierto momento, salió también una serie para la Radio Vaticana, sencilla y reducida a lo esencial, que encontró notable aceptación entre los radioyentes. Como siempre, debo mucho a la colaboración y sabiduría de la periodista y amiga Monia Parente.

En la preparación del libro fue para mí vital la ayuda de Fabrizio Fontana, y las orientaciones de mi colaborador y hermano Stefano Ruggiero, que me ha corregido aquí y allá de modo bastante oportuno.

Buena parte de este libro viene de raíces lejanas, de cuando recién ordenado estudié el manual de espiritualidad oriental del entonces P. Tomás Spidlík, luego cardenal. Aquella sabiduría se convirtió en la luz para mi fe cuando frecuenté los ejercicios ignacianos predicados por el P. Marko Ivan Rupnik, a quien debo muchísimo en mi vida, y en cuanto aquí va escrito.

Me veo como en una encrucijada: tantas personas pasan a mi lado. Y dejan algo, quién más quién menos. Yo digo cosas que otros me han regalado. Imposible citarlos a todos.

Todos son Providencia del Padre.

Este libro, publicado por
Ediciones Rialp, S. A.,
Manuel Uribe, 13-15, 28033 Madrid,
se terminó de imprimir
en Artes Gráficas Anzos, S. L.,
Fuenlabrada (Madrid),
el día 30 de abril de 2024

PATMOS, LIBROS DE ESPIRITUALIDAD

Selección de títulos

10. EUGENE BOYLAN: *Dificultades en la oración mental.*
27-28. EUGENE BOYLAN: *El amor supremo.*
35. FRANCISCA JAVIERA DEL VALLE: *Decenario al Espíritu Santo.*
55. RONALD A. KNOX: *El torrente oculto.*
59. GEORGES CHEVROT: *Las Bienaventuranzas.*
60. FEDERICO SUÁREZ: *La Virgen Nuestra Señora.*
74. JEAN DE FABRÉGUES: *El santo Cura de Ars.*
100. JESÚS URTEAGA: *Dios y los hijos.*
105. JOSEPH LUCAS: *Nosotros, hijos de Dios.*
110. SALVADOR CANALS: *Ascética meditada.*
112. C. BARTHAS: *La Virgen de Fátima.*
114. RONALD A. KNOX: *Sermones pastorales.*
123. PIUS-AIMONE REGGIO: *¿Por qué la alegría?*
129. FEDERICO SUÁREZ: *El sacerdote y su ministerio.*
141. FEDERICO SUÁREZ: *La puerta angosta.*
150. FEDERICO SUÁREZ: *La paz os dejo.*
153. JESÚS URTEAGA: *Cartas a los hombres.*
154. LEO J. TRESE: *La fe explicada.*
155. SANTO TOMÁS DE AQUINO: *Escritos de catequesis.*
159. FEDERICO SUÁREZ: *La vid y los sarmientos.*
164. DOM VITAL LEHODEY: *El Santo Abandono.*
165. REGINALD GARRIGOU-LAGRANGE: *El Salvador y su amor por nosotros.*
170. FEDERICO SUÁREZ: *Después de esta vida.*
172. JESÚS URTEAGA LOIDI: *Los defectos de los santos.*
180. FEDERICO SUÁREZ: *José, esposo de María.*
183. BONAVENTURE PERQUIN, O.P.: *Abba, Padre.*
190. ANTONIO FUENTES MENDIOLA: *El sentido cristiano de la riqueza.*
191. J. A. GONZÁLEZ LOBATO: *Caminando con Jesús.*
196. ANTONIO FUENTES MENDIOLA: *La aventura divina de María.*
198. F. X. FORTÚN: *El Sagrario y el Evangelio.*
201. JOSEPH RATZINGER: *Cooperadores de la verdad.*

202. JULIO EUGUI: *Dios, desconocido y cercano.*
204. JUAN LUIS LORDA: *Para ser cristiano.*
205. MAUREEN MULLINS: *Nuestra rosa. Reflexiones sobre la vida de Nuestra Señora la Virgen María.*
206. JESÚS MARTÍNEZ GARCÍA: *Hablemos de la Fe.*
208. D. J. LALLEMENT: *Encontrar a Jesucristo.*
209. FEDERICO SUÁREZ: *La Pasión de Nuestro Señor Jesucristo.*
211. HENRI CAFFAREL: *No temas recibir a María, tu esposa.*
212. ROBERT HUGH BENSON: *La amistad de Cristo.*
213. AMBROISE GARDEIL: *El Espíritu Santo en la vida cristiana.*
214. LEO J. TRESE: *El Espíritu Santo y su tarea.*
215. MONS. JUAN LUIS CIPRIANI: *Testigos vivos de Cristo.*
216. JOSÉ MANUEL IGLESIAS: *Vida Eucarística.*
217. JACQUES PHILIPPE: *Tiempo para Dios.*
218. SCOTT HAHN: *La cena del Cordero.*
219. JOSÉ ANTONIO GALERA: *Sinceridad y fortaleza.*
220. SCOTT HAHN: *Dios te salve, Reina y Madre.*
221. JOSÉ MORALES MARTÍN: *Jesús de Nazaret.*
222. JACQUES PHILIPPE: *La libertad interior.*
223. JUAN ANTONIO GONZÁLEZ LOBATO: *Luces del Rosario.*
224. JACQUES PHILIPPE: *La paz interior.*
225. SCOTT HAHN: *Lo primero es el Amor.*
226. JACQUES PHILIPPE: *En la escuela del Espíritu Santo.*
227. JOHANNES MESSNER: *La aventura de ser cristiano.*
228. JOSÉ ORLANDIS: *La aventura de la vida eterna.*
229. JOSÉ MORALES: *El hombre nuevo.*
230. JOSÉ ORLANDIS: *Los signos de los tiempos.*
231. JOSÉ MORALES: *Madre de la Gracia.*
232. SCOTT HAHN: *Comprometidos con Dios.*
233. SCOTT HAHN: *Señor, ten piedad.*
234. MERCEDES EGUÍBAR GALARZA: *Orar con el Salmo II.*
235. JAVIER FERNÁNDEZ-PACHECO: *Amar y ser feliz.*
236. JACQUES PHILIPPE: *Llamados a la vida.*
237. PEDRO RODRÍGUEZ: *Evangelio y oración. Lectio divina.*
238. PEDRO BETETA: *Mirarán al que traspasaron.*
239. JAVIER FERNÁNDEZ-PACHECO: *La alegría interior.*
240. MICHEL ESPARZA: *Amor y autoestima.*
241. ELISABETH DE JESÚS: *La pureza de corazón.*
242. SANTO CURA DE ARS: *Amor y perdón. Homilías.*
243. JAVIER ECHEVARRÍA: *Vivir la Santa Misa.*
244. SCOTT HAHN: *Signos de vida.*
245. ALAIN QUILICI: *Encuentros con Jesús.*
246. ANTONIO OROZCO: *Aprender de María.*
247. JUAN LUIS LORDA: *La señal de la cruz.*
248. HENRY BOCALA: *Levántate y anda.*
249. SANTO CURA DE ARS: *Vida y virtud. Homilías II.*
250. MICHEL ESPARZA: *Sintonía con Cristo.*
251. JESÚS SIMÓN: *Con Jesús en el Calvario.*

252. JORGE MIRAS: *Fidelidad a Dios.*
253. J. BRIAN BRANSFIELD: *La fuente de toda santidad.*
254. JOSEF PIEPER Y HEINRICH RASKOP: *El mensaje cristiano.*
255. JUAN LUIS LORDA: *Virtudes. Experiencias humanas y cristianas.*
256. FRANCISCO FAUS: *Para estar con Dios.*
257. RAFAEL GARCÍA: *El viaje de la oración.*
258. ALFREDO ALONSO-ALLENDE: *La amistad del cristiano.*
259. ANTONIO FUENTES: *El placer de ser libre.*
260. JACQUES PHILIPPE: *La oración, camino de amor.*
261. LAWRENCE LOVASIK: *El poder oculto de la amabilidad.*
262. JAVIER ECHEVARRÍA: *Creo, creemos.*
263. SCOTT HAHN: *La alegría de Belén.*
264. SANTA TERESA DE JESÚS: *Libro de la Vida (I. Relato autobiográfico).*
265. SANTA TERESA DE JESÚS: *Libro de la Vida (II. Sobre la oración).*
266. SANTA TERESA DE JESÚS: *Camino de Perfección.*
267. SANTA TERESA DE JESÚS: *Libro de las fundaciones.*
268. SCOTT HAHN: *Ángeles y santos.*
269. JUAN LUIS LORDA: *Los diez mandamientos.*
270. LUIS M. MARTÍNEZ: *Los dones del Espíritu Santo.*
271. SAN JUAN PABLO II: *Vida de Jesús. Selección de textos.*
272. LAWRENCE G. LOVASIK: *El libro de la Eucaristía.*
273. ANTONIO SCHLATTER: *A la mesa con Dios.*
274. LAWRENCE G. LOVASIK: *El libro de la oración.*
275. JAVIER FERNÁNDEZ-PACHECO: *Retorno a Dios.*
276. JACQUES PHILIPPE: *Si conocieras el don de Dios.*
277. SCOTT HAHN: *El Credo.*
278. LUIS MARÍA MARTÍNEZ: *El Espíritu Santo y la oración.*
279. JERÓNIMO LEAL: *Los primeros cristianos en Roma.*
280. JACQUES PHILIPPE: *La felicidad donde no se espera.*
281. ALFREDO ALONSO-ALLENDE: *Creer.*
282. RICARDO SADA: *Consejos para la oración mental.*
283. FABIO ROSINI: *Solo el amor crea.*
284. SCOTT HAHN: *La cuarta copa.*
285. FABIO ROSINI: *El arte de reco menzar.*
286. ELENA ÁLVAREZ: *Las mujeres del Evangelio.*
287. JORGE ORDEIG: *La plenitud del amor.*
288. RICARDO SADA: *Consejos para vivir la Santa Misa.*
289. DAMIÁN FERNÁNDEZ PEDEMONTE: *La segunda conversión.*
290. ANTONIO MARIA SICARI: *Así mueren los santos.*
291. JESÚS HIGUERAS: *El regreso de Emaús.*
292. FULTON SHEEN: *Dios y el hombre.*
293. MICHELE DOLZ: *Retiro espiritual.*
294. JACQUES PHILIPPE: *La paternidad espiritual del sacerdote.*
295. JOSÉ MIGUEL IBÁÑEZ LANGLOIS: *La pasión de Cristo.*
296. PAUL GRAAS: *Cristianos en busca de humanidad.*
297. JUAN LUIS LORDA: *Invitación a la fe.*
298. ALBAN GOODIER: *Santos para pecadores.*